成就卓越

照吾当众讲话

鲁兆武 著

SPM 南方出版传媒 广东人民出版社
·广 州·

图书在版编目（CIP）数据

成就卓越——照吾当众讲话 / 鲁兆武著. — 广州：广东人民出版社，2016.4

ISBN 978-7-218-10796-7

Ⅰ. ①成…　Ⅱ. ①鲁…　Ⅲ. ①演讲—语言艺术—教材　Ⅳ. ①H019

中国版本图书馆CIP数据核字（2016）第065818号

CHENGJIU ZHUOYUE: ZHAOWU DANGZHONG JIANGHUA

成就卓越——照吾当众讲话

鲁兆武　著

出 版 人：曾　莹

责任编辑：王俊辉　黄良起
责任技编：周　杰　黎碧霞
装帧设计：奔流文化

出版发行：广东人民出版社
地　　址：广州市大沙头四马路10号（邮政编码：510102）
电　　话：（020）83798714（总编室）
传　　真：（020）83780199
网　　址：http://www.gdpph.com
印　　刷：广州家联印刷有限公司
开　　本：889毫米×1230毫米　1/32
印　　张：8.375　　插页：4　　字　数：320千
版　　次：2016年4月第1版　　2016年4月第1次印刷
定　　价：32.00元

如发现印装质量问题，影响阅读，请与出版社（020-83795749）联系调换。
售书热线：（020）83780517

全国自强模范高伯良等参加照吾演讲会获奖

习惯研究专家周士渊先生与鲁兆武先生在讲座现场

鲁兆武先生在演讲会上致辞

山东电视台总编室副主任赵秋唐在演讲会上

山东电力培训

原山东体育学院院长韩之波教授在照吾演讲会上致辞

我校白老师在全国新闻发言人培训班上授课

山东大学MBA培训

演讲者在演讲

课堂上分组练习

当众讲话班都是小班训练课

青少年口才交际班

青少年口才交际班结业了

2005年10月2日第一期当众讲话班毕业照

第二届照吾演讲会部分嘉宾合影

序

“有一件事你是必须做的，不管你喜欢与否，那就是轻松自如地当众演讲，这是一种财富，将伴随你五十到六十年之久，如果你不喜欢这样做，那就是你的不利条件，同样会伴随你五六十年，这是一项必备技能。”

上面这一段话出自《巴菲特和盖茨重返校园》的电视节目，其中有一个大学生问巴菲特，大学毕业后怎么样快速获得高管职位，巴菲特对那位大学生说出了这样的一番话。

当时鲁兆武老师正好看到了这个节目，他记下了巴菲特的这番话并告诉了我，我们都非常认同巴菲特的这一说法。

我和鲁兆武先生都是从事当众讲话、演讲与沟通培训工作的。我1999在北京创办了中国第一家当众讲话与沟通的培训学校，应该说在中国开辟了一个新的培训领域。兆武老师于2005年与我合作，把当众讲话与沟通的培训带到了山东济南，并且一直做到了今天，现在他的学员已经遍及齐鲁大地。

讲话能力在中国自古就受到政治家、广大学者的重视，“一言之辩胜于九鼎之宝”“一言而可以兴邦，一言可以丧邦”。中国古代评价讲话作用的名言比比皆是。但是到了现代社会，讲话能力的培养却成了中国教育最轻视的一件事，因为在中国的教育体系中根本没有关于讲话培养的内容。这种情况造成现在多数的中国人表达能力欠缺，在讲话方面没有自信，难登大雅之堂。在中国改革开放之后，因为社会的需要，我们所从事的讲话培训这个行业才得以应运而生。

我和兆武先生被历史的大潮推到了演讲培训这个行业，也很想为国人表达能力的提高做些实实在在的事情。我们俩有一个共同的特点，就是从小内向沉默不善言谈，是受益于讲话培训，自己的讲话能力才得以突破的，我们现在不仅自己能够侃侃而谈，也已成为帮助学员能言善道的师者了。

这本书是我们从事讲话培训心得要领的总结，这次由兆武老师集结成书。我们深深理解有话说不出的人的那种痛苦，希望这本书能帮助有这方面需要的朋友。另外，兆武先生有志于在中国做类似TED演讲形式的照吾演讲会，我们欣然支持，希望兆武能办出中国的TED，也希望大家给予兆武老师最大的支持！

道宝国际教育机构董事长

黄久凌

2015年12月1日

前言

我从小就是个内向不善言辞的人，但是很“不幸”从事了记者的职业（幸亏当时还不太重视面试）。做记者的时候需要采访，有时候又要出席一些场合，这些公开的场合和应酬却是我最大的短板，常常不敢说，不知道说什么，问什么，怎么说，怎么问，语言能力太差，从而使工作变得苦不堪言，压力山大。我开始四处寻求专业人士的帮助，还记得十多年前，我每周五晚上坐济南到北京的2598次火车，坐一整夜早上五点多到北京，然后在上课的酒店大厅里一直等到九点开课学习当众讲话和演讲，连续八个星期，周周如此。

后来我发现不善演讲是个具有普遍性的问题，很多人都在当众讲话时紧张害怕，频现断电卡克语无伦次的情况。这严重影响了工作，影响了职场的发展，甚至不善于沟通相处也影响到家庭。再后来，我从报社辞职成了一名当众讲话的老师，开始专门从事这方面的工作，我从一个不会讲话的“病号”变成了帮人练习讲话的“医生”。我的学员中除了一些公务员、工程师、银行职员等白领，也有不少企业家、高层管理者，甚而很多是拥有硕士、博士、博士后等高学历的教授。我在从事这个工作的十余年里也不断地进行着思考，我从一个学习计算机的理科男变成开始专门研究心理、思维、演讲、沟通等这些人文科学的人。十多年来，我们开设的当众讲话、人际沟通的培训课程已达三百余期。

近期，我又开始了“照吾演讲会”的尝试，尝试打造一个融演讲、创意、创新、文化交流合作为一体的多功能平台。在照吾演讲会上，每位朋友都有机会做不超过十分钟的演讲，这样一个下午就有十几位的演讲者锻炼。他们中有教授，有企业家，有创业者，甚至有家庭主妇，涉及的题材也非常丰富，比如新材料、新科技、创业故事、心灵成长、音乐艺术、隐居修行、经济现象等等，因为都是短讲，避免了冗长的讲座，每个人演讲的都是自己的故事，非常精彩，有人表示半天的演讲可以胜过半年的学习。

原山东省政协常委、山东体育学院院长韩之波教授在致辞中说："人生很有意思，我从一个高中生逐渐成长为一个大学校长，可能有机缘巧合阴差阳错的历史原因，更多的是我比较擅长讲话，待人热情，乐于助人的个性使然，演讲就是成就卓越人才的必备素质能力。"

曾经受到国家领导人接见的全国自强模范和山东省道德模范高伯良先生在照吾演讲会上讲述了自己小时候触电导致身体残疾，通过自强不息、努力拼搏，自学考试成才，逐渐成为一名律师奉献社会。他历经坎坷曲折，百折不挠的故事打动了所有听众。

弘扬真诚、友善、积极的正能量，激发大家的创新创意，让思维保持活跃，让不同行业、不同领域的思想碰撞，促进创新创业，激发大家的灵感。建设好这样的演讲会平台就是我们努力和研究的方向，并且我们也会将这个平台上优秀的演讲创作作品汇集成系列书籍奉献给社会。

每一个人都有责任让自己优秀，每一个人都有能力帮助别人，每一个人也都可以传播积极的文化，演讲作为一个这样的载体和形式，必然得到快速的发展。明天会更美好！梦想也一定会实现！

士不可以不弘毅，任重而道远。

鲁兆武

2016年3月于济南

目 录

第一讲　认识紧张与恐惧

我紧张，我面对，我接受，我允许。

——照吾

我们在公众场合最大的问题就是紧张，为什么私底下讲话没事，一到公众的场合就紧张？

美国成人教育家戴尔·卡耐基先生毕生从事成人有效说话的训练。他认为，对于成人学习当众讲话，最大的障碍便是紧张。紧张是造成人们当众不能有效沟通和表达的主要原因。所以，建立起当众讲话所必备的心理基础，解决心理紧张的问题，就是我们学习当众讲话要克服的第一道障碍。

一、紧张和恐惧是一种普遍的现象

倪萍是大家熟悉的著名电视节目主持人，经历过无数大场面，当众讲话对她来说应该是很平常的事了，但每次上台前，她也会紧张。她在自传《日子》里提到中央电视台演播厅后面“那条狭窄的过道”。因为每次上台前，她都会在那条过道里来回走走，做做深呼吸，镇定一下自己。这样，一旦踏上舞台，面对那熟悉的灯光和场面，她很快就能找到自信的感觉，紧张也像阳光下的晨雾一样消逝了。

经常在众人面前讲话的演讲家、主持人尚有紧张、怯场的情况，那作为平常人我们在当众讲话时有些心慌意乱、紧张不安不是很自然的事情吗？

从自然界的规律来看，紧张恐惧是自然界的普遍现象，恐惧是动物的本能，每个人应该面对它，而不是回避它。

我们有很多学员来上课时，才了解到当众讲话紧张原来在人群中是这么普遍，心情一下就放松了很多。像做公司经理的陈先生在课程结束的时候，回忆上第一堂课时自己的感受，幽默地说："我原来有个缺陷，一当众讲话，腿就哆嗦得厉害，原来以为全世界只有我一个人当众讲话紧张，到这里一看，哇，有这么多'病友'，有那么多人和我一样，我的心里有些窃喜，原来这世界上紧张的不只是我一人。以前在公司开会，快到我发言的时候，我总是借故走开，'哎，你们先说，我上个厕所。'或是抱着手机装打电话。经过这些课的训练，上次在公司里开会，我已经是滔滔不绝，而且风趣幽默，连自己都感觉有些'话痨'了。"还有些朋友因为紧张，担心自己心理有问题，甚至去看心理医生，其实这是很普遍的现象，经过训练也可以完全解决，而且解决起来比我们想象的要容易得多。

秦鹏是我们的一个学员，他讲自己曾经参加公务员考试的经历。当时是市财政局招聘一名公务员，他笔试成绩第一，剩下就是面试，那是一天的下午，他进入市财政局面试的考场，因为太紧张说了句"各位考官上午好"，说完之后意识到说错了，应该说"下午好"，但是已经说出去了，便急中生智加了一句"下午更好"，各位考官都笑了，虽然觉得有些失误，但是后面的题目都是自己准备过的，感觉尚可，过了一阵子公布面试成绩，他是第二名，比第一名低1.5分，但是他的面试成绩比第二名高1.49分，这样最终自己的分数比第一名低0.01分，与财政局公务员职位失之交臂。秦鹏后来在大学里面做财务工作，并且很想登上讲台成为一名老师，在上完我们的课之后不久，就给我们发来好消息，已经开始了大学的教书生涯。

蔡小霞在大学里做英语教研组长，因为在课堂上经常用英语交流，所以很习惯讲英语，但是教研活动或者跟领导交流又需要讲普通话，经常觉得自己不善于开会，语无伦次，组织教研活动不成功，而且教研组吃饭聚会时，因为自己不善于讲话，又坐在主陪的位置上，酒宴就不够热闹，往往八点多就不欢而散。她说："学了几节课后发现自己脸皮厚了很多，想说就说，完全放开了，即使说错了也不太在意了，这次组织教研组聚会，就先讲了几句，明显比以前轻松大方了很多，大家也都放开了，整个宴会进行得非常成功，到十点多钟才依依不舍的分开。我觉得把话说在明处，说出来非常重要，如果我几年前来上课，我现在肯定是大领导了，这些年失去的机会太多了。"

二、适度的紧张并非坏事

人的身体向来就会对外在的刺激保持警觉，一旦感到不利于自己的情况发生，就会出现一些反应，比如肌肉绷紧、心跳加快等，这代表人的预警系统已开始启动，它会让人大脑兴奋，精神集中，创新能力增强，使人的潜能得以充分发挥。所以许多专家认为紧张、压力是激发潜能的有利因素。我们一位在石油部门工作的学员就曾对我说过："井无压力不出油，人无压力不进步。"便是这样的意思。所以，对于紧张这个问题我们要正确看待，因为它不见得完全是坏事。美国前总统尼克松说："每次发生危机时，都发现紧张能在三个方面发挥至关重要的作用：

紧张对于任何创造性行动都是必要的。

紧张是你在面临危机时的一种自然反应。

紧张只有在你的担忧超过了你必须对付的危机的时候才是有害的。"

英国著名的女演员海伦·波恩比曾这样说："在台上我需要我的紧张感使我敏捷，使我全身心地投入我表演的角色中。"

因此，只要紧张适度不但没有害，还会起到积极的作用。对于当众讲话来说，适度的紧张会让我们重视听众，重视我们的表达方式，不会懈怠，这是对听众负责的表现，只要你在乎听众，想给听众留下好的印象，那你自然会重视你的讲话，不会完全放松，像我们前面提到的很多演讲家终生没有消除演讲的紧张，也是这个道理。这样反而会增强我们表达的效果。因此，我们没有必要去消除轻微的、适度的紧张，只有过分紧张，造成了思维停滞，言辞不畅，我们才需要把它降低到一定的程度，好让它成为一种助力，而不是阻力。所以，我们要克服的紧张，应该是公众讲话中过度的紧张。

三、当众讲话为什么会让人紧张？

谈到解决紧张的问题，我们就要分析出当众讲话紧张的原因。根据我多年教学实践的总结，产生紧张怯场的原因一是感觉没准备好，即使准备好了，也担心做的没有想得那么好，担心听众不接受，不认可，还有就是曾经有失败的经历，上场前总是想起上次失败的样子，变得很紧张，没法充分进入角色。

很多人私下里讲话滔滔不绝，一到公众的场合就很紧张，卡壳、断电、大脑一片空白，主要是担心自己的形象不佳，“怕出丑”“怕丢脸”“怕没面子”。自我怀疑，对当众讲话所预期的结果表示担心，因而就会造成紧张、怯场。人一旦产生了某种担心、惧怕，自然就会紧张，自然就会出现各种生理反应，如果这种担心比较严重，那也自然就会惊恐不安、面红耳赤、手脚发凉，甚至头晕胸闷、呼吸困难、当场晕倒也都有可能。只不过这些担心的内容常常藏于潜意识之中，人们一般不会主动意识到，而只能感觉到它引起的生理反应。所以大家平常就会觉得难以说清楚当众讲话紧张到底是什么原因。

总结

紧张是普遍现象，经过学习锻炼可以改善。

练习

坐在椅子上，缓缓抬起手，感受一下双手的重量，连续五分钟。你能感受到手的重量吗？你能感受到内心的放松吗？

成就
卓越

克服紧张有简单易学的方法吗，有什么法则或者窍门吗？

当众讲话紧张是缘于自我怀疑和对“结果”的“担心”，那我们克服这种紧张心理就可以从两个方面来入手。

一、看轻结果，放下自我

瓦伦达是美国著名的高空走钢索的表演者，一生做过无数次的表演，经验丰富。可是他在一次重大的演出中，却不幸失足身亡。事后他的妻子说：“我就知道这次一定会出事，因为上场前他总是不停地说，‘这次太重要了，太重要了，不能失败，绝不能失败。’而以前他每次表演，他只想着走钢索这件事本身，并不去管这件事可能带来的一切，可是这一次他却很关心结果。”以至于后来人们把不专心致志做事情而是去过虑这件事的意义，患得患失的心态，叫做“瓦伦达心态”。

是的，瓦伦达完全可以凭借自己的技术和经验，出色地完成这次表演，可是由于他太在乎结果，太在乎意义，反倒出了问题。太看重结果，人的心理负担就会加重，压力就会增加，水平便不能正常地发挥出来，反倒容易紧张出错，所以只管耕耘，不问收获，只注意过程，不看重结果，甚至不问结果，都是保持平常心，消除紧张的有效方法。

对于当众讲话也是一样，既然我们私下里讲话没问题，当众变得紧张只能说明当众讲话完全是心理问题。有时候我们夸大了当众讲话会带来的结果或过于看重自己在当众讲话中的表现就会造成当众讲话的紧张。

窦文涛是香港凤凰卫视著名的节目主持人，他有名嘴、快嘴之称。可是他自称从小害羞，还有过口吃的毛病，可是后来竟能成为主持人，以说话为职业，这到底是怎么回事呢？他说这和他当众出过一次大丑有关系。窦文涛在北京电视台一次演讲时说：“我在初中的时候，一次老师让我参加演讲比赛，我犹豫着答应了。我就写了演讲稿，也能倒背如流，我让家里人说任何一个自然段的头一个字，我唰唰就把下面的给背出来。上台的时候，底下黑压压一片，我背了第一段，就想第二段开头的字，背完第二段，我的大脑一片空白，面对全校师生沉默了足有一分钟，吓得尿裤子了，全校师生就目睹着我跑出校门。第二天，我回学校，课间听到班里女生的笑声我感觉好像都是在笑我。但是老师对我说：‘虽然你没有演讲完，在学校没有名次，但是你朗诵的那两段挺好的。你不要紧张，能背下来肯定能得一个名次，我推荐你去区里参加比赛。’没想到我这次答应得比上次痛快，好像觉得无所谓了，结果背下来真得了一个名次。从此之后我就靠这张嘴吃饭了。”“中国人传统上都比较内向，大家一起听你说话的机会很难得，要珍惜每一次当众说话、当众表演的机会，就让自己积累挫折、积累出丑的经验，这样才能放下自我。这次出丑了吧，你们笑话我吧，我就不要脸了一分；下次又出丑了，我就不要脸了二分；等我全不要脸了，我就进入自由王国、无我的状态。所谓的‘自我’就是脸面、自尊心、虚荣心诸如此类的东西构成的，当这些东西全被摧毁的时候，你突然发现你就获得了一切，你今天在10个人面前出了一个很小的丑，明天就能帮你在100个人面前挣回一个很大的面子。人要珍惜每一个当众出丑的机会。”

你看，当众出丑也不是什么坏事，按窦文涛的说法当众出丑还是帮助成功的好办法呢。所以我们完全可以换个角度去想，当众出丑是件好事，我们要去珍惜它，接受它，甚至欢迎它。其实我们每个人都太看重自己，对自我的表现倍加关心，但这往往是我们自作多情地夸大了别人对自己的看法。其实别人并不是很在意你，“每个人都对自己最感兴趣”，他只对自己有兴趣，他并不会把你的表现放在心上。他才没有那么多的感觉，后果也并不是我们想得那么重大。所以，“别太把自己当回事。”出了小差错也用不着耿耿于怀。我们要把自己的作用、自己的表现、自己对别人的影响都想得低一些、小一些、轻一些，这样才更接近于客观。

二、培养自信心

自信是成功的第一要诀，是性格的基础，无论做什么事，首先要有自信，没有自信，人的能力发挥便会受到阻碍，做什么事便不容易成功。当众讲话更是如此，为什么人们会有这样或那样的担心？ 其实就是不自信，有些人在专业方面很自信，训练有素，但是在当众讲话方面没有学习过，没有训练过，不相信自己可以说得好，不相信自己可以表现得出色，不相信自己可以征服听众，所以才会紧张，所以才会害怕。

学员张兰晶是位40多岁的男同志。他分析自己当众讲话紧张的原因时说："我7岁以前很顽皮，性格也非常外向。但从上学后性格发生了改变，原因是我的家庭成分是地主，我觉得不如别人，我不想让别人知道，因此填表时总是用手挡着，怕人看见；我的名字别人又说是女生的名字。这两点让我非常自卑，从此我变得内向，从不愿表现到不敢表现，从羞于表现到怯于表现。最后当众讲话就变得很紧张了。"

一位企业老总说："过去，我总担心自己的文化水平低，所受教育不够好，别人会看不起我，结果不敢在众人面前讲话，即使在班组会上也放不开。后来，我就和周围的人作比较，发现我的优势不少，业务熟练，经验较多，人缘不错，有一定的号召力，看问题比较全面等。我想我不比别人差，干任何事都比他们干得好。慢慢地就增强了信心，敢于在众人面前讲话了，且乐意找机会表达自己的观点。当上了总经理后，面对几百名公司职员讲话，也不怯场，即使讲一两个小时也不用稿子。”这就是一种积极的心态。

三、积累成功经验

詹姆斯·哈维·罗宾逊教授在《思想的酝酿》一书中这样说：“恐惧皆来自于无知与不确定，对大多数人而言，当众讲话是个未知数，结果不免充满了焦虑和恐惧。对于生手来说，那更是错综复杂的陌生境况，好像是刚开始学打网球或开汽车。要使这种可怕的境况变得简单和轻松，只有靠练习、练习、再练习。你会发现，像很多人一样，只要有了成功的经验做基础，当众讲话就不再是种痛苦，而是一种快乐。经过不断练习，有了成功的经验，你自然会找到自信的感觉：“我的讲话效果还不错，人们也愿意听我的讲话，我的内容很有价值，我的讲话对听众很有吸引力，我当众讲话还行。”这会产生积极的心理暗示，你的信心就会很快建立起来。自信其实就是一种积极的心理暗示过程，就是对自身的积极认识，那么，成功的经验就是这种“化学变化”最直接的催化剂。如何得到成功的经验？我们多年的实践表明，只能通过练习、实践，行动而得来，而不可能是用意念制造出的幻想。有些人希望通过喊口号来改变对自己的认识，“我是最棒的，我的讲话很精彩”。但这并不是真实的感觉，你的潜意识中也不相信，是起不到效果的。

我国著名的演讲家李燕杰，在谈到自己演讲经验和体会时说：“我出生在一个贫苦的知识分子家庭，父母都是教书的。我从小不爱说话，更不敢在大庭广众之下讲话。上小学时，连在小组会上都不敢发言。班主任还专门找我谈话，让我加强锻炼后来一有机会，我就硬着头皮上台讲，练习多了，就学会对群众讲话了。当了老师之后，讲话的机会更多了，逐渐就成长为一名出色的演说家。”

积累成功的经验没有捷径，没有窍门，它需要直接的行动，需要亲身的体验和不断地练习，不下水，永远学不会游泳。

因此，对于我们学习当众讲话，想克服紧张，最有效的方式，就是训练和练习。在我们的当众讲话训练班上，每节课每位学员必须站起来对大家讲话，每人至少两次。你可以看到通过训练他们发生的变化，从拘谨木讷到谈吐自如，从结结巴巴到轻松流畅。只有说、不停地说，一个人才能看到自己的进步；只有说，不停地说，一个人才能相信自己的能力；只有说，不停地说，一个人才能建立起当众讲话所必备的信心。到目前为止，我相信，这是培养当众讲话能力的最简捷，最快速，最有效的方法。

四、必须坚持到底

那有的人会说，我大会小会参加得很多，为什么还是紧张？这是因为你始终还没有获得成功的感觉和经验。请注意，行动的目的是要积累成功的经验，这种成功的经验哪怕只有一次便会对你的心理产生至关重要的影响。只有成功的经验才是建立信心的基础。卡耐基先生在密苏里州华伦斯堡州立师范学院上学的时候，为了出人头地，体质瘦弱的他不能选择打橄榄球，而只能去参加学校里的演讲比赛。但他演讲比赛却每次都是惨败。卡耐基对自己的能力产生了极大的怀疑。最后一次演讲比赛败北之后，卡耐基心灰意冷，精疲力竭地在密苏里州 102 号河边彷徨，他想到了自杀。卡耐基后来回忆这段往事时说："当时，我没有找到旧猎枪或与之相类似的致命的东西来……"幸好卡耐基没有找到猎枪，要不然一个伟大的成人教育家就被这样毁灭了。"在哪里摔倒，就在哪里站起来。"卡耐基这样去做了。结果，在接下来的演讲比赛中他获得了胜利，他获得了学院的勒伯第青年演说家奖。这一次的成功，带给了卡耐基莫大的信心。许多学生纷纷找到他，请求卡耐基指导他们演讲。卡耐基后来在回忆中不无自信地说道："我虽然经历了十二次的失败，但最后终于赢得了辩论比赛。更为激励我的是，我在学院里训练的男生赢了公众演说比赛，女生也获得了朗读比赛的冠军，从那一天起，我知道我该走怎样的路了……”

所以，暂时不成功，不要灰心丧气，一定要坚持到底。在学习上，有一种被心理学家称为“学习的高原反应”的现象，就是说在学习的某段时间，我们会感觉停滞不前，甚至有些倒退，还把以前所学的东西都忘了，再努力也不能有所突破。这时候，意志不坚的人会绝望、放弃，而意志坚定的人会坚持下来。结果我们会发现，不知什么原因，奇迹几乎就在一夜之间发生了，突如其来地让我们有了力量和信心。这就是量变到质变的过程，有些像飞机起飞之前，总是会有一阵颠簸和震颤，然后才能青云直上。所以，对于当众讲话而言，信心的获得并不像其他事物一样是一种渐进的过程，我们的感觉一般会是突变，往往是在历经了多次痛苦之后好像突然降临。因而只有具备毅力的人坚持到底，才会获得胜利，而意志薄弱者失望放弃，就永远享受不到成功的欣喜了，这就是成功的代价。因此，在学习当众讲话的过程中遇到困难，成绩有了反复，你不要怀疑，一定要坚持到底。因为“成功就藏在拐角的后面，除非你向前一步，再向前一步，否则你永远也不会知道离成功有多远”。

总结

自信是关键，需要不断练习自信。

练习

想想自己开心的，做得好的事情，感受一下当时的自信的状态。

第三讲　订立目标

你想怎么样，到底要什么，这是最重要的问题。

——照吾

自己到底想要什么，理想的状态是什么？你能描述出你想象的自己的样子吗？

通过坚持训练和练习，你便可以大有收获。在我们的当众讲话训练班上，最后一节课我们总能听到学员当众讲话有了进步的汇报。一家IT公司刘先生说：“上周，我们单位开技术研讨会，让我一连讲了三次。以前，要是在白板上写字，我的手都会有些抖，写上的字母有些歪，特别紧张。现在我可以自然到一边看着下面一边写。有人提问，我说：‘这个问题提得好。’问问题的人会挺直身子，感觉深受重视……以前我不是不想表现，但因为紧张而压抑了自己的能力。现在我都觉得单位的人有些少了，有一百人、一千人也没事。现在真的有些喜欢当众讲话了。”从原来害怕去讲，到现在满怀企盼，刘先生释放出了自己的能力。安先生是一名军人。他说：“作为军人，可以面对很多别人不敢做的事，但就是不能面对众人讲话，我们单位每周五要开一次周会，对上周工作做总结，对下周的工作做出安排，就是这种会议，发言的时候，我还紧张得心跳、手抖，不知道说什么好，有时事先写好稿子，但这种会议也不能照稿念。我不知道怎么办才好，心里特别紧张。”而安先生在第四次课就兴奋地汇报：“上周单位里开总结会，我就觉得不太害怕了。

我运用举例的方法，说得大家目不转睛地看着我，听我讲，我也没用讲稿。一下讲了半个小时。所以来上课都迟到了。我很兴奋，谢谢老师。”

物业管理公司的吴先生说：“刚上课的时候，我在单位做过一次年终总结，当时是拿稿子念，还声音发颤，手发抖。当时有照相灯光一晃，还把我给打断了，真是特别尴尬。但前两天，我组织单位员工进行一次摄影比赛，给员工发完奖，要说上几句话，这次我不用稿子，说得还很有条理，不像以前那么紧张了。”

事实上，能对着以前不敢面对的人发表谈话，这并没有什么技巧，也不是我们的讲话能力在短时间内有了神奇的提高，主要是我们对自己有了信心。而当一个人消除了在一群人面前说话的畏惧后，也会克服对自己、对别人以及对生活本身的畏惧，他对自己有了全新的感觉和看法，他会受到一种鼓舞，敢于去做和完成自己以前从来不相信自己能做到的事，这就是当众讲话训练为人们带来的全新的自信。

我们有很多学员来参加当众讲话训练，主要是因为在社交场合缺乏胆量，害羞不自在，有见生人就脸红的，有不敢跟领导说话的，有去拜访客户在外面转好几圈不敢进门的。但当他们发现自己能够站在众人面前讲话，而且说得别人凝神静听、频频点头时，他们就会感觉到了一种力量在自己身上升起，这会为他们带来一种与人交往时的强烈自信。所以学习之后，他们在与个人交往时更具有信心和勇气。而他们培养出的新的自然的风度，在课堂上便显而易见。

在实业公司工作的朱先生第一堂课在台上红着脸，没说上几句话，但最后一堂课汇报学习成果时他大声说："我以前不爱说话，见到熟人和同事，能躲就躲，和别人打招呼都得壮胆。原来和人在一起吃饭不知从何说起，老没话说，特别尴尬。现在已觉得和别人打招呼是件很愉快的事情。和人吃饭也能找到话题，话也多起来了。以前我不知道为什么别人不和我说话。现在明白了不是别人不喜欢我，而是我和别人划上了界限，造成了隔阂。通过学习，我感到和大家比可能进步没有别人大，但和我自己比，那进步的确太大了。"他在说这番话时，我特别为他自信的神色和轻松自如的仪态所吸引。我想要是他五年前或十年前便克服了社交上的恐惧，不知会比现在快乐多少倍。这种训练确实让他增长了与人交往中所必需的自信和勇气。另外，朱先生还说道："我原来脾气暴躁，遇事爱起急，一听家人唠叨就感觉特烦，我不爱说话，也不愿听他们说话，他们说多了，我就让他们少说两句。现在和家人说话口气婉转了，听着舒服了，也能陪他们多聊上几句，家人觉得我的脾气改了好多，人变了很多，我自己也觉得亲近平和多了。"这番话又反映出当众讲话的训练对人个性上的影响。

学习当众讲话。会增强自信，自信是性格的基础，自信提升了，人的性格会越来越坚定并且很温和，越来越美好。这意味着你的情绪已渐入佳境。情绪既是渐入佳境，身体当然也就渐入佳境了。这是你从前感觉不到的。这是一种畅快、美妙的感觉，没有任何药物能给你这样的感觉。你可以凭借当众讲话训练为你带来的自信，克服畏惧、害羞，改良自己的个性，得到更多的快乐。

难怪巴菲特说，有一种能力你是必须具备的，那就是轻松自如的当众讲话，如果你具备了，你将受益50—60年，如果你不具备，那将是你的损失，你的损失同样也是50—60年，这是一种必备技能。

总结

定了目标，剩下就是不断练习达成目标的过程了。

练习

写下自己的目标，开始主动做一些有点挑战的事情，比如主动跟人打招呼，说话比平时声音大些。

第四讲　语言具体

如何做到表达生动细腻？技巧是什么？

笼统和抽象的语言总会给人以模糊不清的印象，亚里士多德说：“笼统是模糊思想的避难所，是没有智慧的表现，要尽量避免。”当众讲话既然是对语言的一种运用，我们都希望当众讲话能有吸引力和感染力，以增强对听众的影响，那么讲话的语言要语义清晰明确，朴实通俗而又生动形象是很重要的，这就要求我们要掌握语言运用的规律。在这一节里，我将告诉大家一个比逻辑和修辞都更重要的语言表达的基本原则——语言具体化。我认为这是大家当众讲话要想获得成功所必备的语言基础。

一、什么是具体化的语言

让我们首先了解一下什么是具体化的语言。比方说“他对人很热心，经常辅导同学写作业，还帮老奶奶挑水、劈柴”。在这一句话中，前一句“他对人很热心”就是感受性语言，而后一句“经常辅导同学写作业，还帮老奶奶挑水、劈柴”。就是事实性语言。我们再比较一下下面的这些句子：“我的父亲学历很高，有双博士学位。”“我的朋友说英语让我听不太清楚，十句就听懂五句。”“我讨厌世界史，中学历史勉强及格。”“菜很贵，光小咸鱼炒油菜就好几十。”我们可以看出，在这些句子中，前一句话是感受性的，偏向于我们主观的态度，而后一句话作为前一句话的解释和补充，是一种表明客观事实的事实性语言，这种事实性的语言就是具体化的语言。具体化的语言也就是用事实性语言来表达意思，可以说就是用“事实来说话”。而只有用事实来说话，你才能够把自己的意思很好地传达给别人。比如你说“我的同学家里特有钱”，要是别人并不认识你的同学，心里直接的疑问就会是“他家怎么特有钱”？所以你这样说话还不行。但如果你说：“他家特有钱，住一栋豪华别墅不说，光小轿车就有两辆。”这样别人就可以很好地了解你的同学了。如果你说“今天外面可真冷”，对于没出门的人来说，真冷，特冷，他也不知有多冷。但如果你说“今天冻得我的手都拿不出来、耳朵都冻得没有知觉了”，别人不是一下子就明白天冷的程度了吗？看看我们的俗语说到数九寒冬时是怎么表述的：“一九二九不出手，三九四九冰上走，五九六九沿河看柳，七九河开，八九雁来，九九加一九，耕牛遍地走。”这种语言让你对冷暖的了解是不是明确得多？这就是具体化的说法。

柳女士是一位小学班主任，她说：“我们班有个孩子，特别淘气，经常发怪声，掐女生，爬桌子，扮怪脸，冲老师晃小拳头。”这“发怪声”“掐女生”“爬桌子”等一系列的事实是不是能很好地说明了这个孩子的淘气程度呢？

王海洋谈及父亲是一名非常优秀的教师时说："别的老师不愿教的捣蛋生，我父亲愿意教。每年评优秀班级和优秀老师时都有他的班级和他的名字，每年教师节他收的礼物总是其他老师的2倍。"这也是用具体的事实来说话的方式。所以"具体的事实比逻辑和修辞都更重要"。这也要求我们要养成用具体化的语言来讲话的习惯，避免笼统和空洞。

卡耐基先生说："说话具体的人才具备吸引别人注意的能力，不管他受的正规教育程度如何。"在他教过的班上有一名大学教授和一个街头商贩，大学教授说话文雅，很讲究用词，但就是没有商贩说话能吸引人。究其原因是大学教授的语言太空泛，没有商贩说话具体有内容。

电视剧《钢铁是怎样炼成的》剧组谈到在乌克兰选演员的经历时说"应聘的人络绎不绝，连门都关不上了"，一句"连门都关不上了"，也特别形象地说明了人多的场面。

有一次，我听中央人民广播电台的音乐调频广播，播音员播一封听众来信，听众阿强信中说"因为我现在喜欢听音乐调频的广播，都有点喜欢堵车了，晚上也很少看电视剧了"。阿强用这样的语言来表达对音乐调频的喜爱是不是很有意思？我的一位朋友胡先生，说话风趣幽默，和他聊天，常常笑声不断。比如他要说他的一个男同事腰特别细，他这么说："我这个同事腰特别细，腰围一尺九，他系皮带恨不能再绕一圈过来。”是不是很可笑？其实，这些幽默的效果都是具体化的语言实现的。

台湾作家刘墉在一篇文章中提到中国一位教授在美国的遭遇，他给美国学生教历史，结果被美国的学生轰下了讲台。原因是他只说：“秦始皇是个坏人。”而美国的学生认为秦始皇是好人，是坏人，老师应该告诉他们一些事实，让他们自己去判断秦始皇的好坏，而不应该代替别人思考，把自己的观点强加于人。

二、语言如何具体化

通过上面的介绍我们也可以看出，要想做到语言具体化有两种方式：一种是用事实来说话；另一种是用事实对一些感受性语言来做补充。

例如，我们可以说“天都很黑了”来表示“天已经很晚了”；我们可以说“车上全是泥点子”来代表车子脏，这是一种具体化的方式。另一种表述方式是你可以把事实性语言放在感受性语言后面作补充，来形成具体化的语言，比如说“老胡很壮实，膀大腰圆，农村用的抽水泵，一个人能搬起来”，这就是在“壮实”这种感受性语言后面加上事实来补充。

一次在电视上看现场报道的记者说海水冷，用了四种说法，通过学习，我一下子就知道这四种说法的优劣。第一种说法是“今天的海水很冷，特别冷”；第二种说法是“今天的海水只有16度”；第三种说法是“今天海水冷得像刚从冰箱里拿出的冰水”；第四种说法是“我们的随行记者跟着一起下水，还没两分钟就上了岸，冻得上牙直打下牙”。我相信你也能感到哪种更生动。

1. 用典型性事实

1976年1月8日，周恩来总理逝世，为了悼念周恩来，联合国总部的联合国大旗降半旗志哀。因为联合国的这面大旗自1945年10月24日从纽约升起来后，其间30年，世界上有许许多多国家元首相继去世，它也从来没为谁降过，所以这次一降，别的一些国家有意见。这些国家的外交官联合起来来到联合国大厦前的广场上，向联合国总部发出质询：“为什么我们国家第一元首逝世，联合国大旗依旧升得那样高，而中国的第二元首逝世，你们却为他降半旗，这是为什么？”当时的联合国秘书长瓦尔德海姆挺身而出，站在联合国大厦门前的台阶上作了一次不到一分钟的演讲，他说：“为了悼念周恩来，联合国总部下半旗，这是我的决定。原因有二：第一，中国是个文明古国，她的金银财宝无计其数，她使用的人民币多得我们数不过来，可是她的总理周恩来没有一分钱的存款！第二，中国有10亿人口，占世界人口的四分之一，可是她的总理周恩来没有一个孩子。你们任何国家的元首，如果能做到其中一条，在他逝世之日，总部将照样为他下半旗，完毕。”说完，他转身就走，广场上只留下了那些哑口无言的外交官。

在这次事件中，瓦尔德海姆之所以能用几句话说服能言善辩的外交官们，与他选择发生在周恩来总理身上非常典型的事实有很大关系。周恩来的高贵品质与高超才能很多，但唯有这两点是其他国家元首所无法相比的，非常特殊和典型。因此，瓦尔德海姆用这两点事实让外交官们说不出话来。

用事实来说话，不是为了事实而事实，其目的是为了说明问题，表达观点，那么我们在事实的选择上如果注意了事实的典型性，我们的讲话就会更具表达的效果。学员陈羊洲说：“我的同学小李学习英语很用功，说梦话都说英语。”胡刚说：“我的同事小王被家里宠得厉害，上了大学还不会叠被子。”李利说：“我们老行长非常节俭，掉了一根大头针都捡回来。”这些都是典型的说法，你对这样的说法是不是印象很深呢？

2. 多媒体语言

一次，中央电视台的体育频道播放回顾第27届夏季奥林匹克运动会的节目：“在 2000 年悉尼奥运会上，中国体育代表团让国歌28 次响起，让国旗 59 次升起。”我一听，由衷地赞到，这种说法真是太妙了。大家看，这种说法是不是比

“中国体育代表团获得 28 枚金牌，奖牌总数达到 59 枚”的说法更加生动？ 可是这两种说法都是事实性语言，并不是感受性语言，为什么会表现出不同的效果呢，前一句就会更生动呢？ 这就是要求我们用事实说话，还要注意事实的可感性。

什么叫事实的可感性？ 就是我们的感官对事实的感受程度。比如，我们说天热：“今天的气温真让人受不了，竟高达到摄氏 40 度。”这种语言虽然是事实性语言，但听者的感官感受性并不强，因为像数字、内心的活动、宏观的状态等等，感官是不易体验的。而如果我们采用易于打动人各种感官的事实和现象来讲话，就会有大不相同的效果。比如还是说“40℃”的高温，我们从以下几方面来举例：

从视觉上：看到阳光白得耀眼，空气中热气一浪又一浪。

从听觉上：整天听到空调嗡嗡的声响、树上知了不停地鸣叫。

从嗅觉上：闻到柏油马路被晒化的沥青的味道。

从味觉上：感到口渴、口干舌燥。

从触觉上：感到太阳晒得脸发疼，地被晒得烫脚，身上汗直往外冒，衣服一会就湿透了。

从身受上：感到热得头昏，晚上还热得睡不着觉。如果这么来说“热”，你的感觉怎么样?应该是比听到“40℃”

感受更强烈吧。因为它打动了你的各种感官，让你看到、听到、闻到、尝到、触到、体会到“热”了，是“多媒体语言”，如果你想运用“多媒体语言”来讲话，你就需要养成注意观察生活的习惯，这和作家们做的事是一样的，先注意找到特殊、典型的事实，然后再打开你的感官去感受，并有心地记忆，再试着把你的感觉加以描述，说给别人听，这样，“多媒体语言”才能出自你的口中。比如我们要想说大风，你首先就要打开你的各种感官去观察体验，从视觉上看，风把路边的树吹得斜成了什么样，风吹得空中有什么东西，广告牌如何摇晃，什么被风吹倒在地上：从听觉上，听风声如何作响，有没有门、窗子产生的撞击声，旗帜的声音如何；从触觉上有没有被吹得站立不稳，睁不开眼睛的现象等等。你这样做就能说出打动人心的语言，也会写出脍炙人口的好文章，这就是观察生活，体验生活的收获。有一次我去中央民族大学办事，看到了校园里的一块草坪，当时心里的感觉就是太美了，心灵有被净化的感觉。可是我想如何能把这块草坪说得别人看得见呢？ 于是我开始静静地观察：这块大草坪是夹在两条路的中间，很宽很长，有多大呢？ 我问自己，需要目测一下，算下来有七八块篮球场那么大吧，继续看，草地的情况怎么样呢？ 草地上面长满了青草，铺得很满，没露出一点土。草地上每隔十多米就是一颗高3米左右的松树。一眼望去，也成了一片稀疏的松树林了。草地上除了这些树就没有一点杂物，非常干净。在草坪的边上，也就是路边每隔上20米会有一张容 2 人坐的长椅，有些学生捧着书，正坐在椅子上看书。没有喧嚣，没有吵闹，一切是那么的安静。难怪我的心里感觉是一片净土。注意到这些细节，这幕情景就一直牢牢地印在我的脑海。我相信，我说给别人听，也将会表达地非常清楚。

但是视觉的效果应该得到强调，因为心理学家说，人们接受外界的信息，80%要靠视觉，听觉其实所占的比例并不大。但我们在讲话时主要是用声音传达信息，并没有多少视觉效果，所以在信息传递上有先天不足的“缺陷”。那如何弥补这种缺陷和不足呢，把我们说出的内容尽可能多地用可感事实进行视觉化处理，让听众产生视觉感受，你不觉得是个很好的方法吗?

中央人民广播电台“音乐之声”的节目中，一次主持人念一封听众来信，说一位听众“我喜欢听杨昆的歌，买了一盘杨昆的磁带，从夏天一直听到冬天，磁带的封皮都磨破了”。这一句“封皮都磨破了”真是最经典的注解，让你好像看得见，这就是视觉的效果。

3. 最好的事实性语言——事例

如果我们明确时间、地点、过程等详细的细节内容，一段可感事实就可以扩充为一个完整的事例，而事例便是最好的多媒体语言，因为事例尽是可以让人看见、听见、闻到、尝到、触到的描述，而形成影像般的效果。所以多举事例，你的讲话将会非比寻常地具体、生动、形象、有吸引力，有感染性。这也是我在当众讲话方面最想告诉大家的一项技巧。

总结

生动的语言一定是具体化的语言。

练习

尝试说些有画面感的话，描述下刚刚做过的事情。

第五讲　充分准备

未经准备而站在听众面前，无异于裸体示众，而准备了一半，就等于只穿了一半的衣服。

——丹尼尔·韦伯斯特

你是相信即兴演讲还是有备而来，你准备好了吗?

凡事预则立，不预则废。一个建筑师，是不会在没有计划的情况下，就开始盖房子的，那么我们怎么能在一点准备都没有的时候便开始进行当众讲话呢？ 一次成功的讲话，就如同一段有目的的旅行，必须有旅行计划才可以。

准备对于讲话者的心理而言，更是信心的帮助。当你上了战场，却发现自己没带弹药，你心里慌不慌？所以卡耐基先生认为：“只有准备充分的演讲者，才配有自信的资格。”

林肯是公认的演讲家，他说：“我相信，若是无话可说时，就是资格再老也会难为情的。”他的意思是说，即使再有实力的人，如果缺乏周全的准备，也不能进行有条理、有吸引力的演说。那么，准备一次讲话，是否就是拼凑一些漂亮的词句，想一些言不由衷的，你自己也不太感兴趣的话呢?绝对不是，“准备”是一个集合你的积累、你的经验、你的思想、你的感受等等这些个人的原始素材，然后通过思考进行加工成型的过程，是在制作一件你思想的作品。

一般说来，正式的公开讲话，它的准备过程包括明确目的、确定主题、选择材料、充分思考、拟定提纲、模拟预讲这六个方面，也就是为何讲、讲何题、用何讲、如何讲这

“四何”和拟提纲、模拟讲这“两拟”的环节。下面我们就按顺序分别给大家一一作介绍。

一、明确目的——为何讲

一位美国国会议员在旧纽约的马戏场因为不明智地选择了说明性的演讲，结果被听众哄下了台。他当时告诉马戏场内的观众，美国正在如何备战，可是这会儿大家需要的是娱乐，而不想被说教。当观众耐心而礼貌地听了十分钟后，便希望他的讲演赶紧结束。可是他还在那喋喋不休，扯个没完。这时候，观众失去了耐心，有人开始喝起倒彩，其他人也跟着喊起来，一时间，整个会场一片哄闹。可是那位演讲人真是愚钝，竟然觉察不出观众的意图，还要继续往下讲。结果观众不干了，他们发出了怒吼，全场一片噪声，根本听不到这位国会议员在说些什么，结果，他只得放弃，不得不承认演讲的失败，羞愧不已地退场。

人们做任何事情都是要讲求目的的，这是我们行动的出发点，是我们做事的意义。不讲目的就会偏离方向，事倍功半。纵观世界，人类做事是如此的看重目的，当众讲话当然也不例外，那么，我们首先要根据场合和听众的需要，把每次讲话的目的予以明确，做到心中有数，这样才会有的放矢达到效果，不然你可能就会像那位议员一样落个如此狼狈的下场。

那么当众讲话一般有几种目的呢？国外的演讲学家把演讲的目的大至分成四种，我们可以作一些参考：

一是，说服别人或号召听众采取行动

二是，说明情况

三是，增强印象，引起共鸣

四是，娱乐

二、确定主题——讲什么

我们除了明确讲话的目的以外，还要确定讲话的主题。主题是指讲话的主要观点和中心思想，是确定讲什么的问题，就是通过讲话要表达什么样的观点，对某个问题有什么样的看法和主张。主题是讲话的灵魂，是一篇讲话的思想性的体现，也就是讲话的中心和重点，没有主题，讲得再动听，再震撼也没有太大的价值和意义。明代哲学家王夫之提出“意犹帅也”，就是强调主题是讲话的统帅。主题是否明确是评判讲话水平的一个重要标准，值得大家注意。

主题不是讲话的内容，同样也不是讲话中提出的问题，内容只是讲话的材料，而主题是通过材料表达出的看法和主张。讲话中可能会提出问题，但主题是你对问题持有的观点及评价。

对于讲话的主题，我给大家的建议是每次讲话的主题要集中一些，不要太大或过于分散，太大讲不完，过于分散会让主题不突出、主旨不清。少于 5 分钟的小型谈话，最好只谈一两个主题，至于30分钟的讲话，如果主题多于四五个，那也不容易成功。

三、选择材料——用何讲

马卡连柯说：“只有正确解决了材料的问题，才谈得上技巧的问题。”材料是讲话时要使用的事实现象或理论根据。的确，没有材料，你的讲话技艺再高超，构思再巧妙也是绣花枕头。这也像做菜，做菜必须要有材料，没有材料，你就是国宴大师，也无法做出美味佳肴来。中国的老话是“巧妇难为无米之炊”。缺乏材料的讲话必然是空洞和干瘪的，根基不牢，说服力不强。选择材料一个很大的问题是材料从哪里来，是临时抱佛脚，现抓现找，还是平时多注意体验，多注意积累呢？关于材料的收集和整理。在这里我们要谈三点：

1. 韩信将兵，多多益善

“我总是搜集十倍于我所要使用的材料，有时甚至达到百倍，”约翰·甘德是畅销书《内幕》的作者，他说的是写书或演说的准备方法。1956年，甘德先生着手写有关精神病院的一系列文章。他前往各地的医院，与院长、护士和病人分别谈话。他的一位助手说，光是上楼下楼，穿过走廊，从这栋楼走到那栋楼，他们就起码走了好几英里的路。而日复一日，甘德先生也记满了好几本笔记本的内容。而在他的办公室里，又堆满了政府的文件、私立医院的报告、委员会的统计资料。不过最后他只写了四篇短文，简单而又有趣。这四篇文章的纸，也许只重几两。可是，记得密密麻麻的笔记及其他东西——他用来为这几两产品加工的材料，却有二十斤重。

卡耐基先生说：“对一个题目你要尽量去了解，了解程度要多过你所谈的四十倍。”因此，材料的积累要有如“韩信将兵”，多多益善。茅盾先生曾对材料的搜集讲了一个形象的比喻，他说：“采集之时，贪多务得，要跟奸商一般，只消风闻得何处有门路、有货，便千方百计钻挖，弄到手方肯死心，不管是什么东西，只要是可称为‘货’的，便囤积，不厌其多。”

但是大量的材料积累可不是一朝一夕的事，我们平时就应该养成收集的意识和随身带笔记本的习惯，在看书、听讲的时候，对于典故轶事、史料传说、名言警句必须随时记下来。在工作交往的时候，有趣的经历，灵光一闪的感悟，有必要及时记下来。否则，事过境迁，这份灵感可能会无影无踪。俗话说，好记性不如烂笔头，及时记下来，就牢牢地捕捉了这些信息。我个人也采用这个方法，随身带一个笔记本，遇到一些有意义的事或是能让眼前一亮的念头与想法先简要记录一下，并在当天晚上用电脑把这些记录充实完整，然后再定期进行分类整理，以便用时方便查找。这样做为我带来的好处是，在我写作或备课时，我就有了很多可用的材料。因此，从某种意义上讲，讲话的准备并不是在讲话前几天才开始的，而是在你积累材料的时候就开始了。卡耐基先生有一句话“最好花十年来准备演讲”。他说：“演讲要讲你挣到资格的事，那可能经过长时间的研究，或者是亲身的经验得来的。不要只花十分钟或十个小时，甚至十个星期或十个月准备，而最好是花上十年来准备，那就是你挣来的。要讲你挣到资格的事，要讲引起你的兴趣的事。讲那些你非常想与听众沟通的事。”花十年时间来准备，乍听起来觉得怎么可能，其实指的就是材料的准备。因此，材料收集之时就是你讲话开始准备之时。

2. 讲自己熟悉的事情

自己长时间的研究、自己的亲身经验，对你来说将是世界上最好的话题和材料。为什么呢，因为这些内容，这些素材，世界上唯有你最有资格讲，唯有你体会最为深刻。在我们开设的当众讲话训练中，这也是我们让学员选择题材的重要依据。比如：

（1）童年及与成长有关的经历，凡是与家庭、童年记忆、学校生活等有关的话题通常都能引起听众的兴致。人都有一个共同的心理，即对别人在成长的环境里，如何面对并克服困难的经历，抱有兴趣。所以，只要可能，就尽量用自己早年的实例来举例说明。当然，并不是说将你的生活经历，像陈年老账似的翻过来倒过去，这里有一个基本标准——即多年以后，某件事依然鲜明、深刻地印在脑海中，呼之欲出，那便可以保证会令听众感兴趣了。

（2）个人奋斗的经验

这是洋溢着人情味的话题。重叙自己早期创业的努力，是在什么复杂的情况下造就了你的事业？ 你是从事什么特别的工作或行业？ 其中你遭遇的挫折、困难以及你的希望和成功，如果能说得谦虚、诚恳，多半是保险的题材。

（3）兴趣及爱好

谈个人的兴趣和爱好也错不了。这能满足听众的好奇心，会引发注意。你对自己一向热衷的事物，绝对没有谈不好的道理。以个人嗜好为题材的富有启发性的谈话，听众无疑会倍感亲切。

（4）特殊的知识领域

长期从事某一特定工作，已使你成为这一行的专家。如果根据长年的实践经验，通俗地谈论有关自己工作或职业方面的事情，一定很容易引起听众的尊敬和注意力。

（5）不寻常的经历

我曾经指导过一个竞聘副行长的学员的演讲，当我知道他曾经参加过汶川抗震救灾，我就给他说，把这一段加上，他担心与竞聘主题不符，我说没关系，你五分钟的演讲里讲一分钟这个经历，这是你最独特的经历，会给你的职业和人生添彩，会给众多评委不一样的感受。果然，他凭着自己的独特经历赢得了评委们的认可，顺利竞聘成功支行副行长。

现在的电视节目出了很多谈话类节目，像《艺术人生》等，为什么这类节目能够抓住观众，能延长观众按遥控器的时间呢？因为主持人请那些嘉宾、观众谈的都是他们自己，谈他们儿时的经历，谈他们奋斗的过程，谈他们的成就，谈他们的兴趣爱好，谈他们的研究，谈他们特殊的经历——北大荒生活、军旅生活、出国见闻、翻车经历、应聘趣事、和爱人初次相遇、难为情的时刻、美好的回忆等等。当嘉宾、观众谈到这些内容的时候，你会发现他们如数家珍，兴致盎然，个个口才都变得极佳。他们可能压根儿就没做什么准备。也不会想到什么绪论、本论、结论，也不关心什么遣词造句。然而，他们却能大获观众的欣赏。因为这都是他们的亲身经历，最有感受的事情。所以不要怕在你的讲话中加入你个人的事例和经验。只要是让你感动的事，只要是引起你兴趣的事，但说无妨，这不仅会增加你讲话的个性，还会帮助你让自己的讲话大受欢迎。

3. 讲有关人的话题

人性化的主题，展现人性光辉的主题总是会让人大为感动。人会被力量所震撼，而人格的魅力总是充满了这样的力量。文学作品中，感人之处，总是要奏响这样的旋律。

常言说，晓之以理，动之以情，动之以情显然是比晓之以理更高的表达层次，人都被感动了，表达效果自然会比较好。

在电影创作中有“人保戏”和“戏保人”的说法，就是说如果演员有名气，虽然剧本一般，但靠演员的名气可以确保电影的影响力，这叫“人保戏”；但如果剧本好、故事好，不靠演员的名气而靠剧本本身的魅力和影响也能确保电影的效果，还能产生明星，这就叫“戏保人”。“戏保人”给我们的启示就是如果在讲话里有很多精彩生动的实例，哪怕你现在还没有引人入胜的水平，由于事例的确保，效果也一定差不了。如果你的讲话水平已经很好，这些实例就会起到锦上添花的作用。

4. 讲新、奇、趣。

（1）新　人都爱新鲜的事物，例子也一样，有些事例虽然好，但过于陈旧，别人都听过了，你再说就等于给别人吃剩饭，听众也会兴味大减，所以要避免。如果一定要采用，那要说出新意才行，即“语陈意新”“语同意异”。

（2）奇　就是与众不同，很特别的事。有人说：“狗咬人不是新闻，人咬狗便是新闻。”这就是因为奇，奇本身就有夺人耳目的效果。所以要对生活中不寻常的事件保持敏感，注意收集，这是讲话时的好素材。

（3）趣 人有求趣的心理，喜欢听一些让人感到快乐的事情，如果在你的讲话中，常常有笑声，可以肯定你的讲话是有极好的效果的。所以一些轻松、可笑，但又蕴含深刻道理的事例无疑是好的选择。

事例有了“新”“奇”“趣”的特色，再注意多用戏剧化的手法来表现，借助事例能产生的情景效果的特点，我们用声情并茂、绘声绘色的方式来讲述，多运用模仿、表演的形式，多采用人物“原汁原味”的对话，加强情节的渲染与节奏，用表情和肢体语言创造视觉效果等有效的手段，就可以让事例本身的魅力与特点更加充分地体现。

总之，在材料的收集阶段，我们要注意平时的大量积累，重视材料的个性化，事例的真实性、感人、生动的要求——最好是“带着露珠的鲜花”；这样就有了大量的一手好材料供你使用了。然后我们只要根据讲话主题的要求，去选择能恰如其分地反映主题，符合讲话意图的材料就可以了。

四、充分思考——如何讲

诺曼·陶马斯是位卓越的演讲家，面对与他政见不同的听众，他也同样能掌握他们的注意力，赢得他们的敬佩。他曾说：“假如你要发表一篇重要的演讲，你得先与讲题休戚与共一段时间，并在内心反复思考，把演说前的准备变成自己生活的一部分。这么一来，无论是走在大街上，或是看报上的一篇文章，或是上床睡觉，或是早上醒过来的时候，你会发现，会有很多对演讲有用的生动事例或表达方式源源不断地向你涌来。平庸的演讲，通常产生于平庸的思考，是对讲题认识不完全的结果。”也就是说，我们不要满足于简单地思考，而是要深入挖掘主题，对你讲的问题进行深度思索，多问问自己“为什么相信这一主题的价值？它在我的生活中是如何被验证的？我真正想说明的到底是什么？事情的真相究竟是什么？”越能把主题想得透彻，越能把问题问得深刻，就越能揭示出事物的本质，你的讲话思想性就越强，水平就越高。及早确定讲题，让你的潜意识为你发挥作用。每天完成工作后的零星时间，在开车回家、等公共汽车或坐地铁的时候，你就可以思考自己的主题、材料，把想要表达的意思精练、加工。眼前一亮的顿悟，多半来自这段考虑的时间，你的大脑能在潜意识的帮助下将它千锤百炼。所以准备要充分，并不意味着漫无边际和永无头绪。要尽快确定好讲话的主题，千万别拖三拖四，直到讲话的前一两天，才开始着手决定讲题，那就晚了。充分思考是我们对材料，对我们人生的经验、想法、念头进行综合分析、判断、加工处理的过程。其实严格说起来，思考是贯穿整个准备过程的始终，并不只是在此时进行，当你明确目的的时候你是在思考，当你确定主题的时候，你是在思考，当你选择材料的时候，你还是在思考。不过这里我们要说的是准备的第四个环节——深入思考阶段。我认为它包括找感觉和定结构两个方面。

1. 高温才沸腾

我们曾谈到要尽量在自己的背景中找题材，其实这是为了我们要对讲题有切身的感受。这一点极为重要，除非你对自己讲的内容有特别的感觉，否则你就别期望听众会相信你讲的话。你的态度会决定别人的态度，你自己都不坚定地相信，又如何指望别人相信呢？所以，我们在思考的过程中，要加强我们对材料的感觉，只有对讲的内容热起来，才有在讲的时候沸腾起来的可能。不然就像运动员，上场前未做热身，那上了场水平能发挥出来吗？

学员范先生在介绍一位医生时，一开始就这么说："我介绍的是一个对我的出生至关重要的人。"我以为他要介绍给他接生的大夫，后来一听才明白他说的是一位治好了他妈妈尿毒症的医德高尚的医生，与他的出生并无直接关系。如果按推理他妈妈的尿毒症治不好，他也确实不会出生了，这么想来，确实有道理。但是范先生这么一讲，就加深了对这位医生的感觉，在他的讲话中，我看到了这种的感觉。这就是我们在思考中要做到的，帮我们找出深刻的体会和热烈的感觉。

2. 磁化造吸力

此阶段思考也有对讲话结构如何安排的问题，就是要在表达时“如何讲”。讲话结构巧妙，可以使讲话精华充分展示，表达酣畅，达到事半功倍的效果，所以也至关重要。讲话结构一般来说，分为三段式，吸引人的开头、充实的中段、有力的结尾。有人形容讲话结构要体现“凤头、猪肚、豹尾”就是类似的意思，开头要精巧、简练；中间要充实、舒展、有分量；结尾要简洁有力，不拖泥带水。大家要特别注意讲话的开头和结尾。因为开头和结尾是听众印象最为深刻的部分。开头要有磁性，能一下就吸引听众的注意力，结尾要如撞钟，干脆响亮，但又回响无穷。

五、拟定提纲

查尔斯·雷诺·柏朗在耶鲁大学作的一系列的演讲中说：“深思你的题目，使其深入，渐趋成熟……然后，再把这些想法变成文字——仅用简单的文字把想法固定下来。写在纸上。这样会比较容易安排组织，使松散的观念变得有条理、有秩序。”柏朗所说仅用简单的文字把想法固定下来，指的便是写下提纲。

做了充分的思考，渐渐成形，一般来说会让人有写下讲稿的冲动。但劝你最好别这样。第一，全部写下来，将限定自己的思路，你就不会再做富有建设性的思考。第二，写下讲稿，你会把自己的思维转变成书面语言的“格式”，而书面语言与口语是大有区别的，这会给你的讲话带来麻烦。有一次，学员张林发言谈他的母亲，我们一听就知道他写了稿子。因为他一张口，书卷气就冒了出来，因为用的词多是口语中不用的“踏出门槛”“神情专注”“无可奈何”“坚硬”这样的词语。还有诸如“发现大衣上的纽扣像长了翅膀一样飞了”“一次一次，一次又一次地穿过扣子”这些修辞手法。我知道，他在写这篇稿子的时候，采用这样的语言不会觉得有何不妥。但要把这些话原本地说出来，那可是别扭死一屋子人了。结果，张林本来要表达一个严肃的反映母爱主题的讲话，竟把全班人都给逗乐了。

马克·吐温说：“笔写的东西非为讲演之用，它们的形式是文学的，它们生硬、无弹性，不能让你借着唇舌做活泼、流畅的表达。语言的目的是要助兴，而不是说教，你得让它们变得柔软、松散、朗朗上口，并将其形成一种没有预谋的自然谈话方式。否则，讲话本身便会令人厌烦，而不是让他们感到有兴趣。”

第三，如果写下讲稿，你就容易栽进记忆的陷阱——去背讲稿。可是一背稿子，你几乎一定会忘词。保险公司从来不为人的记忆上保险，因为它不保险。2003 年 5 月 11日，北京市政府在中华世纪坛举行活动，感谢全国支持北京抗击“非典”。其中一位清华女生代表北京的大学生发言，她写了稿子，但又不想照稿念，于是开始背诵，结果背诵中断了好几处，不得不重又拿起稿子念，看到她脸上因忘词而显现的紧张和尴尬，我也是直为她捏汗，担心得都不敢看她发言。这其实都是背稿惹的祸，丘吉尔在年轻的时候，也喜欢先把讲辞写下来，然后默记在心里。结果有一天，他在英国国会议员前大背讲辞时，思路突然中断，脑子里一片空白，想不起下句该讲什么。他尴尬极了，只好把上一句再重背一遍，可是脑子里还是空白，但这时脸却已涨成了猪肝色。最后他只得沮丧地坐下来，羞愧至极。吃了这次苦头，他再也不背讲辞了。本来背稿的目的是怕自己讲不好而进行的自我保护，但最后出问题的恰恰就是背稿子，因为记忆难免会有故障。

第四，即便背稿没忘词，那也会很机械，因为这时你说话已不是发自内心，而是出于记忆，你的话没了内心的感受，没了口语的自然和活泼，这样的讲话就成了机械化的产品。我们平时说话的时候，不是心里一边想着要说的事，一边就直接说出来了吗，这种自然的方式，谁也不会觉得别扭，为什么要改变这种讲话的方式呢？

从以上四个方面来看，我们讲话，除非是非常正式的场合，你必须要写稿拿稿子念以外，尽量不用讲稿的讲话，你就千万别写讲稿，既费力又不讨好，还容易导致讲话的失败。如果你的讲话很长，你担心遗漏内容，你可以简单地记下一些重点，或列出一个提纲，在讲话时偶尔看一下，以避免次序乱了或忘记一些重要的内容。这就是拟定提纲的最佳方式。而简短的讲话，像我们的训练课中的发言，因为都是简讲，因此就不用写提纲。

六、模拟预讲

讲话准备到此，是否该演练一下呢？是的，非常有必要。就像一出话剧，在正式演出前是需要反复排练的。我们可以找一些朋友或同事作为练习的对象，并不用非常正式，一本正经，就像平时谈话一样，只需说："小王，你知不知道，我有天碰到了一件特别的事，告诉你吧！"或"我有一个想法，跟你说说？"小王可能会很乐意听你的故事或想法。观察他的反应，以及他会问什么样的问题，那将是听众注意和关心的地方，也可能是你忽视的地方，这对你正式讲话很有价值。他可能没发现你在预讲，但这没有关系，我们的讲话也许就要处理成马克·吐温说的“没有预谋”的自然、亲切的谈话方式呢。杰出的历史学家艾兰·尼文斯曾有类似的忠告：“找一个对你题目有兴趣的朋友，详细地将你的心得说出来，这种方法，可以帮助你发现忽略的细节、遗漏的观点、事先没料到的争论，以及找到讲述这个题目的最佳形式。”这就是预讲的最简单、最有效的方法。有些人表示会对着镜子练，我个人不赞成这种方式。因为那和实际的场景差别太大。实际上，你在发表讲话时，你是看不到自己的只能看到听众。而对着镜子讲，你所看到的不是听众，却是你自己，这是实际的场合中无论如何也找不到的情景，当然你想的可能是借着镜子注意自己的站姿、自己的手势、自己的表情，而实际上我们在讲话时恰恰应该忘了这些。如果你在讲话时去关注这些问题，如何还能够集中注意力，全力以赴？ 所以不要对着镜子演练。

总结

讲话前做好这六个环节的准备工作，将对你讲话的成功大有帮助。成功没有捷径，准备也无法偷懒，军队里有句话：“平时多流汗，战时少流血。”对于我们讲话的准备就是：“台下多用心，台上少出汗。”

练习

坐在椅子上，缓缓抬起手来，感受一下双手的重量，连续五分钟，你能感受到手的重量吗，你能感受到内心的放松吗？

第六讲　热情表达

热忱是鲜为人知的成功的秘诀。

——卡耐基

人都喜欢热情的人，有些人内心也很热情，但是表现不出来，很容易被人当做冷漠的人。所以表现出来的热情才是热情。

——照吾

你热爱周围的环境吗？你欣赏周围的一切吗？

学员张笑梅是特别害怕上台讲话的人，第一次发言，她的表现就像她的名字一样，老是不自然地捂着嘴笑，也不敢看台下的同学。不过有一堂课，她要说她蹦极的经历。这一次，我见她完全没了当众讲话的紧张，脸上不见了害羞的笑容，表现得很兴奋，双手激动地挥舞着，大声地描述从空中飞下的惊险与刺激，讲话中充满了热烈的情绪，活力充分展现，这真是一次精彩的表现。为什么她的这次讲话获得如此的成功呢？我相信这是由于她在描述这次经历时，她又重新回到了天上，完全投入到当时的情景之中，她在重温着当时飞翔的感受，忘了此时的自己正在教室里讲话。此时的她，讲话已不是刻意的行为，完全是在跟着感觉在走、在飞。感觉太重要了。对题材的深信最后一定要转化成感觉，只有有了感觉，你才不会受语言的束缚，在表达上才能进入自由的状态。

哲学家巴斯卡说：“人心的感受，不是理性所能解释的。”

内心的热忱，往往会使冷静的思考化成感性的语言，制造出煽动性的力量，特别能和听众在感情上交流，达到感染人的效果。我们的当众讲话训练其实就是要帮助学员建立起这样的状态。

点燃自己对题材的狂热，就不会得不到听众的关注。

一、表现热烈满怀欢喜

当你走上讲台的时候，应该是表现出满怀期待的心情，而不是像要去刑场；脚步轻快，而不是步履沉重。这一切，哪怕是刻意的，也会为你创造奇迹。

你在台上的表现，应该是热烈的、兴奋的，那样就会急于告诉听众有价值的事情，急于讲想讲的内容了。奥佛史垂特教授在《有影响力的人类行为》一书中说："喜欢产生喜欢，如果我们不喜欢台下的听众，他们不管是外表或是内心，也会对我们表示厌恶。如果我们表现得胆怯而慌乱，他们也会对我们缺乏信心。如果我们表现得很无赖，而且说大话，听众们也会表现出自我保护的自大。经常，我们甚至尚未开口，听众就已评定我们的好与坏了。因此，我有充分的理由指出，我们必须事先确定我们的态度一定会引起听众热烈的反应。"因此讲话时的态度很值得重视，它关系到我们讲话的成败。在听众面前展开笑容，不是和柜台后面的笑容一样受人欢迎吗？我在各个训练班上观察发现人缘最好的学员，脸上总是有着愉悦的表情。因为我一想起这些学员，脑海中浮现出他们的面孔总是一张张笑脸。面带微笑，表现出喜欢，不是受人欢迎的简易方法吗？美国一位银行家事业非常成功，他的一位朋友把他成功的原因归结于他那迷人的微笑。因为这位银行家除了专业的知识、丰富的经验外，还拥有别人所没有的额外资产——随和的个性，他那温暖、受人欢迎的微笑，则是他性格的突出表现之一。它能立刻赢得别人的信任，立刻获得别人的好感，别人十分愿意支持他。当然，笑不出来也不要刻意，你得去改变自己的态度，你的态度一定要让听众感觉出你喜欢人家，愿意对大家讲话，而不是心不甘情不愿，这种态度会引发听众同样的感觉。记住，态度这种东西具有感染性，喜欢产生喜欢，如果你想让听众喜欢你的发言的话。

二、充分休息适度饮食

如果想让你的热情在当众讲话中发挥出最大的程度，你必须事先有充分的休息，一位疲倦的讲话者很难表现出活力。假如你在下午两点要出席会议，发表重要讲话，最好午饭后去休息一会，舒舒服服地睡一觉。这样，体力、脑力、精力都得到休养，对你讲话状态将大有益处，对你的心理也很有好处，一个人困倦的时候，往往信心也会不足。

中医有“饭饱神居”的说法，意思是人吃饱了，就提不起精神来。确实如此，如果你饱餐一顿之后，再站上讲台，本来该流向大脑的血液这时就全流向胃部，同鸡腿、番茄、面条、米饭战斗去了。我自己也有体会，如果上课前吃得太饱，在讲课时会上气不接下气。

三、衣着整洁重视小节

一位担任大学校长的心理学家曾征求许多人回答，衣着对他们产生什么影响？结果，被询问者几乎一致表示：当他们穿得整洁漂亮时，便会觉得身上似乎多了一种力量，这种力量虽然很难解释，但仍然十分明显。它使人们增强了自信心，提高了自尊。人们会发现，如果自我感觉外表打扮得很成功，心理上更容易想到成功，事实上也更容易达到成功。这就是衣着对穿着者本人所产生的潜在影响。穿着优雅得体的衣服，会让讲话者更有一份自信，讲话者的衣服对听众会产生影响。经过观察发现如果讲话者是位不修边幅的男士，穿着松松垮垮的裤子，皱巴巴的外衣和鞋子，口袋外面露着钢笔或铅笔，一团报纸或一包香烟把西服兜塞得鼓出来；或者讲话者是一位女士，带着丑陋的大手提包，衬裙露在外面，听众对这样的讲话者可以说根本没有信心，会以为这位发言人的头脑一定如同他的乱发、未擦的皮鞋，或是鼓鼓囊囊的口袋一样也是乱七八糟的。

我记得上大学时遇到过一位不注意衣着的老师，这位男老师四十出头，留着不长也不短的头发，总是梳向脑后，看到他总让人想起《阿 Q 正传》里的假洋鬼子。胡子经常不刮，上身穿着一件又皱又短的灰西装，脚下却蹬着布鞋。有一次右鞋的鞋垫竟然从鞋子里跑出来一半，耷拉在鞋后跟外晃来晃去。结果这一堂课，我们什么也没有听进去，注意力全集中在他的脚后跟上了。

回忆起这位老师，我们留下的唯一印象就是散漫。记住，当你出现在台上的时候，就像放在放大镜下被无数双眼睛审视一样，如果衣着有细微的不当，立刻会像珠穆朗玛峰般的醒目。

四、加强手势姿态端正

科学实验中发现，由眼睛通往脑部的神经比耳朵通往脑部的神经多得多，眼睛对外界的注意力是耳朵对外界注意力的二十五倍。所以传递信息时要给听众更多视觉上的刺激。那么，除了语言要制造视觉效果之外，我们还可以用什么方法来加强视觉感受呢？ 当然，讲话时的手势、动作、表情这都是直接产生视觉感受的手段，它们是可以直接看得见的呀，甚至可以直接表达出意思，哑语就是最好的印证。加强手势与表情会让讲话更富动感和活力。

讲话时要多运用手势、动作、表情的配合，也称它们为肢体语言。并且台上做手势、动作、表情还要来得更夸张一些，这个就和立在楼顶上的雕像为什么要做得大一些是一样的道理。楼顶上的雕像只有做得比真人大，从下面看起来，才会和真人一般大小，要不然，你会觉得雕像比例不对称做得太小。台上的表现，同样也要夸张一些，表现出来才更自然，要不然，听众会觉得你的手势不够有力。这也同舞台上的演员为什么妆要画得浓一些是一样的，因为这样看起来感觉才对。

虽然手势、表情对表达很重要，但大家千万不能为了要表现它们而刻意地去做，因为手势、表情都是人情绪流露时的自然表现，可不是刻意做出来的，如果你在讲话时特别强调自己的手势，就像你在走路时去刻意迈腿一样，越刻意会越走不好道。手势就如同个人的牙刷，是专属于个人使用的东西，不能像衣服那样可以随便穿上或者脱下来。所以，手势学不来，而要凭着本能去发展。卡耐基先生对手势有一段特别精彩的讲解："事实是当你面对听众时，应该忘记你的音调、呼吸、手势、姿态，以及应该在哪里要强调。除了想到你该说什么之外，其他都应该一概不想。猫要去抓老鼠的时候，它不会左顾右盼地想：'我不知道我的尾巴摆的姿势好不好？ 我站的姿势对不对？我的面部表情怎么样？'它根本不会想到这些。它专心一意要去抓那只老鼠，自然什么姿势都是对的。因此，如果你集中注意力于你的听众以及你所要说的话，你根本就忘记了你自己，你的姿势、声音等等也就不会错。”当然，手势需不需要加强和改进呢？当然需要，而且98%的人都会有改进的必要。包括我们讲话时的姿态。可是，你不能在讲话的时候去想着改进和提高。你平时就要加强对运用手势的兴趣，从自己的内心感觉和手的配合上去培养。平时多做些练习，变成习惯，等到面向听众时就是自然地表现了。

总结

热爱自己的题材，寻找全身心投入的状态。

练习

主动的寒暄，问候，微笑，声音洪亮一些。

第七讲　注意细节

细节决定成败。

——汪中求

演讲现场要注意的是什么?

我们学校的白云老师，对服务意识及交往礼仪有着专门的研究，她有很多机会去企事业单位讲课。但她每次去，总是要提前半小时到达，这是为什么呢?她之所以这样做，是要用这段时间和单位的领导、分管培训的负责人以及单位的员工先交谈一会。然后，我发现她在讲课的时候就会提到这个企业的理念、管理的办法、员工的问题以及大家的想法。我也发现当她提到与听众相关的问题时，听课的人都是格外的认真。任何讲话，都应该把话说到听众的心里去，让听众接受。所以，讲话的成功不是依赖我们说了什么就成功，而是决定于听众听了什么，理解了什么。成功的概念应由听众的耳朵及大脑来决定，而不是由我们自己来决定，这一点是每一位讲话者必须要清楚的。

一、注意听众的兴趣

我们要了解这样一个事实；人是对自己最感兴趣的动物，我们所面对的听众是人，他们也有这样的特点，他们对自己的事最感兴趣。如果你的讲话只是以自我为中心，不去考虑听众的兴趣，那再精彩的内容也不见得会有掌声。

我们要多问问自己这样一些问题：听众关心什么？想听什么？我的讲话对听众能有什么帮助？能为他们解决什么问题？这样，你一定能让听众全神贯注地听你讲话，一定会让听众对你的讲话产生兴趣。

我发现，在我们训练学员“说明情况”的那堂课上，讲如何识别假币、如何急救心脏病人、如何使用灭火器、如何计算个人所得税、坐车的位置应该在哪里、女士的身材如何保持苗条等对大家生活有帮助的话题总是会大受欢迎。有一次，在一个班上经过大家投票有三位同学因发言精彩而获奖，我认为他们的获奖与他们所讲的题目不无关系。你知道他们三位所讲的是什么题目吗？是《红烧茄子的做法》《保持身体健康的四项基本原则》《如何对孩子表达爱》。面对这样的话题，你能说你没有兴趣？

大多数人希望知道如何获得晋升，如何得到更多的薪水，如何保持健康。如何找到工作，如何应付所雇佣的员工，如何购买房子，如何增加记忆力等等。人们总是对旁人的生平故事感兴趣：“所以我邀请一些富翁，谈谈他如何在房地产事业上赚进上百万的美元。我找一些著名的银行家及各大公司的总裁们，谈一谈他们如何从底层开始奋斗，而达到受人尊敬的地位。”这就是一位杂志主编率领他的杂志走向成功的秘诀，你能从中得到什么借鉴呢？

二、保持低调

一个人在台上的表现总会让听众一览无余，如果讲话的人稍有自夸或自大的行为，肯定会激起听众的敌意，而谦虚总是建立友善和赢得依赖的良方。但保持低调，与向听众道歉却是两码事，道歉是为自己的过失说话，而谦虚是为自己的尊敬说话。

你是否听过有些讲话的人是用下列这种方法开始的，“两个星期以前才得知要我代替我们的总经理做这个讲话。在这之前我一点都不知道，后来我又要到南方出差，原来计划准备这篇讲话的时间也没有了。在回来的途中，我在火车上着了凉，所以我担心今天的发言一定讲不好！其实我在任何时候都不太会讲话，但是……”听众对这种方式的前言感到最厌烦，他们会奇怪发言人怎么不言归正传或干脆闭嘴。如果讲话的人身体不适，会对讲话的质量有所影响，那么以生病的理由取消讲话是相当合理的。为了听众的原因，发言也应该取消。

如果你因为什么特殊原因迟到了，那也只需简单向听众说明，有礼貌地表示歉意即可，然后立刻开始讲话。道歉通常是在浪费听众的时间，而且浪费的方式令人不快。所以不要再浪费时间，立即开始。

三、诚心地赞赏听众

因为我们经常在节假日上课，开课前我会经常给大家说，也许我们不是成功者，但我们放弃休假的时间来学习，我们是热爱学习，重视成长的人。通过赞美来建立和谐的氛围。

四、请听众参与

我们的训练课上，霍超先生给大家介绍防治办公疲劳综合征的方法。其中有一个方法叫背拉，双手在背后一只在上一只在下，拉在一起上下拉动。他先演示了一下这个动作，让大家看清楚。接下来，他让大家一起来做一遍。这一做，班上的气氛活跃起来了，大家纷纷开始把手放到背后去尝试。试了之后有人说，两只手拉不到一起，有人说，确实感觉很不错。这时台上台下已融为一体，霍超与大伙开展了生动的互动与交流。这就是请听众参与的做法。虽是小小的技巧，但这个技巧却可以推倒讲话的人与听众之间隔着的无形的墙。如果能让听众参与到你的讲话中，把他们变成“参与者”，那你和听众不就成了合作伙伴？真是太妙了。

五、提问

用提问的方式可以牢牢地抓住听众的注意，引起听众的关注和思考，会形成很好的沟通状态。无论你是提出问题让听众回答，还是采取自问自答的形式都会让你很有对象感，感觉更像和听众在交谈。

所以，在讲话时为了加强沟通，不妨设计几个有力的提问，将会大大增加你讲话的魅力。当然提问也不能乱问，要问得巧妙，问得有力。如果用的过多，隔几句就是一个“为什么？”容易造成语言啰唆，反而会引起听众反感。

六、提到听众的名字

如果在讲话中能提到部分听众的名字，也是增强沟通的好办法。

北京万彩公司的学员刘先生在结业课上是这样讲话的“……我在学习上，还有一个收获就是得到了很多素材，大家讲的许多小故事，我的印象都特别深，像上次班长陈诚说的钱塘江海潮，浪有十多米高，结果八月十五的那天新闻，我就特别注意了一下，以前不会注意这些事；现在我走在天桥上，看到卖报纸的人，就会像陆欣一样对卖报的人特别关注；上次听了吴玮的讲话，我就想我孩子的教育问题，怎么跟孩子老师打好关系，虽然我还没结婚，没孩子，但是未雨绸缪；包括孟云说的牙刷不要放在浴室，要放在客厅；还有李畅说的怎样能吃到黄瓜等都让我非常受益……”

伴随着刘先生幽默、风趣的语言，全班笑声不断，被提到名字的同学更有深受重视之感。我想，这几位同学此时已成了刘先生的同盟了。名字对于他的主人来说，是最悦耳的声音。因此只要可能，提几个听众的名字。这条原则也同样要适可而止的运用，如果提到所有人的名字，结果就是一场悲剧。我见过一位学员几乎报出了全班所有人的名字，就显得好像是在证明他的记忆力很棒。

七、用“我们”而不是“你们”

有很多讲话，不成功的原因只是因为讲话的人不小心用到“你们”这个词，结果造成了和听众之间的隔阂。用“你们”，除了本身把自己排除在听众这个群体之外，还给别人一种居高临下、教训别人的印象。

有一种方法是可以把“你们”说成“你”，这是维持听众注意力的一种方法。比如“你们想过这个问题吗？”这句话，你可以说成“你想过这个问题吗？”就好像是专心致志地在和听众谈话，也会使听众的注意力增加一倍。

有一位化学家在讲解硫酸时说：“……硫酸和我们日常

生活很多方面都有关系。如果没有硫酸，你的汽车将无法行驶，你必须像古时候那样骑马或驾驶马车，因为在提炼煤油及汽油时，必须要广泛应用硫酸。不管是照亮你办公室的电灯，或是照亮你餐桌的灯光，或是在夜晚引导你上床的小灯，这一切如果没有硫酸，将不可能。”“你早上起床后，打开水龙头放水洗澡，你拧的是一种镍质水龙头，在其制造过程中，也少不了要使用硫酸；在制造你的搪瓷浴缸时也需要用到硫酸，你使用的肥皂也可能是用油脂加上硫酸处理而制成的……在你还没有和你的毛巾打交道之前它就已经和硫酸打过交道了；你使用的毛梳子上的梳毛也需要硫酸处理，你那把赛璐珞材质的梳子，如果没有硫酸，一定制造不出来；还有，你的刮胡刀当初在经过锻造后，也一定曾经在硫酸中处理。”“……就像这样，在一整天当中，在每一方面，它都会影响到你，不管你到哪儿去，都无法逃过它的影响力。没有了它，我们不但打不了仗，也过不了日常生活。因此，这种对人类重要而又基本的硫酸，实在不应该被一般民众完全忽视……但很不幸的是，事实却是如此。”这位化学家巧妙地使用“你”，把听众置入到他的讲话中，维持了听众高度的兴趣。

不过，用“你”这个词，有时还是会制造分裂。那这时就最好用“我们”或“大家”。比如你会从电视上看到国家领导人出国访问，受到热烈欢迎的场面，你知道使领馆工作人员所做的工作吗？”这样的话就可以说成“我们都会从电视上看到国家领导人出国访问，受到热烈欢迎的场面，大家知道使领馆工作人员所做的工作吗？”用“我们”和“大家”不是显得更亲切一些吗？

总之，听众的反应决定着讲话的成败，善于讲话的人一定懂得沟通的技巧。

总结

细节体现在演讲的互动设计和亲和。

练习

设计几个演讲中的互动环节。比如让大家一起做一个动作，一起重复一句话等。

第八讲　再现场景

好的演讲就像是用嘴巴在放电影。

——照吾

如何让听众好像在现场一样，如何把一件事讲得清晰生动有条理？

你能进入那样一个场景吗？

说一件事，一般有五个最基本的要素要交代，就是“何时”“何地”“何人”“何事”“何故”，所以说一件事的方法也叫做“五何公式”。这是说事的方法，也是记者在写新闻报道时所必须遵循的原则。依照“五何公式”来表述一件事，事情不但能说得清楚、完整，也会讲得妙趣横生。

一、何时

很久很久以前……

从前有一座山，山上有一座庙，庙里有一个老和尚，在讲故事……

五何公式的第一个要素是“何时”，就是事情发生的时间，它是一件事的重要背景，比如“从前”“有一天”“多年以前”……把“何时”放在五何公式之首，隐藏着一种暗示，就是要求我们在说事的时候，开始便要说出时间，这是一种约定俗成的口语表达习惯，时间是个提示器。同学们用得较多的比如“1995年7月，我和家人正在去大连的船上……”“上个月的一天，我开车走在京福高速公路上”“2000年10月15日，领导把我叫到办公室……”像这样的开头，都会让你的眼前一亮，出了什么事？发生了什么事？——故事之所以让人爱听，原因之一就是听众对事件抱有好奇心，事件就像一个谜，总让我们想知道结果会是怎么样的。结果，我们带着这份好奇心，就饶有兴趣地听下去了。而一说时间，它起到的作用就是在提示听众：“我要说一件事了，很有趣的。”这便会引发大家的好奇心，既然听众产生了好奇心，注意力自然就被抓住了。

出租车公司的孙经理，以前对给司机开安全教育会倍感头疼。因为内容无非就是那些内容，人也无非就是那些人，还要每周开一次会，司机们难免不爱听。每次见到打盹的，孙经理只好敲桌子：“大家注意听，注意听。”但这么一说，招得人家更不爱听了。听了我们的课，了解到当众讲话要多举事例，说事例要用时间开头，时间越具体提示作用越强这些原则后，他说：“我再也不用敲桌子来提醒人了。我现在一见有打盹的，我会这样说，我把声音压低：‘在今年的 7 月 23 号，凌晨 2 点，在我们二分公司发生了一起火灾……’这句话一出口，你放心，保准每个人都抬起了头，瞪大了眼睛。”

“就听‘哎呀’一声，我的身后传来一声尖叫，我回头一看，原来是我的同事小李脚崴了……”学员张林用这样的方式开始讲述他们几个同事在爬山时的一幕情景。如果是写文章，这是很好的开头，但因为口语表达的随意、自然的要求，这样的开头显然显得太生硬和刻意了。如果在餐桌上你要用这样的方式和大家说这件事，你“哎呀”一声，别人可能也要“哎呀”一声了，以为碰到了怪异的人。其实，同样的内容，只要用时间来开始说就非常的自然：“1998年5月的一天，我们办公室几个同事一起去爬雾灵山，当我们爬到半山腰的时候，就听‘哎呀’一声，我的身后发出一声尖叫，我回头一看，原来是我的同事小李脚崴了……”这样说是不是要自然得多了？

所以，从时间开始来说一件事，这样既简练紧凑，又能一下子就抓住听众的注意力。因此我们在训练中都要求大家以时间开始讲述事件，可是还是会有许多同学不习惯，偏偏喜欢加些前缀：“我讲一件我印象特别深刻的事”“我给大家说我小学时经历的一个教训……”“讲我做第一个化学试验的事吧”或者就是道歉、谦虚之词：“我没有准备好……”“我不知道我讲这个故事大家爱不爱听……”这样的啰唆，不仅浪费了时间，而且造成你讲话的松懈与散漫，也松弛了听众的注意。因此不要道歉，也不要说些无关痛痒的话。一开始就要说出事件的第一要素——时间。

二、何地

王先生这样说他经历的一件事：

1997 年 8 月，我们单位派 20 人去墨西哥承接一项工程。那天一早，我早早地从家出来，拿着行李坐上去机场的民航班车，来到机场，看到不少同事已经到了，但好多同事还没有到，又等了一会，20 人全部到齐。我们接着办登机手续、托运行李，一个小时后上了一架波音 737飞机。上午 10 点，飞机起飞，我们大家都很兴奋，毕竟是这么多人一起坐飞机。经过了长达10个小时，晚上8点，飞机降落在墨西哥城机场。出了机场，对方接我们的人和一辆大巴车已经在等着我们。我们又上了大巴车。一路开了 40 分钟，我们进入了墨西哥城。这时，我们的领队和前来接我们的人商量："因为飞机是晚8点到的，机上没提供晚餐，大家还没吃晚饭，是不是先找一个地方吃晚饭。"来接我们的人就让司机在前面一个路口停车。当车停稳，车门打开，我们的领队和接我们的人走下汽车。可他们刚下车，突然就被两个持枪的黑人顶了上来……

这时，铃声响了，王军的发言时间已到（我们的课堂训练发言是有时间限制的，这个发言的限时是 2 分钟）。等时间到了，我们才明白王先生想说的是他们刚到墨西哥就遭遇抢劫的事，可是在规定的发言时间内，刚刚说到抢劫，王军就已经没有时间往下说了。这问题是出在什么地方呢？——我想很多人会觉得，是前面说得太啰唆了。不错，既然是说遭遇抢劫的事，那为什么把去墨西哥的过程交代得那么详细呢？又不是要说如何去墨西哥。如此一来，不就没了重点，不就成了我们在写记叙文时犯的毛病——记“流水账”了吗？这样说一件事，也根本不具有吸引力，因为听众对一系列单调的事实是没有兴趣的。

说一件事，需要做背景的交代，这没有错，但是绝对不能把重点放在背景的交代上，这部分内容只需要作简要说明即可。像王军说的这件事，只要说：“1997 年 8 月，我们单位派 20 人去墨西哥出差，那天晚上 8 点多我们走出机场，坐上对方接我们的车进入了墨西哥城……”寥寥几句话不就可以把背景做了交代了吗？这样说只不过占了10秒钟的时间，那么剩下的 1 分 50 秒就可以详细叙述遭抢的过程、接下来的结果了，这样一来时间不就够了吗？所以不论我们要说的事背景如何，只要它们不是我们说的重点，就应该三言两语做个交代后，然后很快地进入到事情的进展阶段，而不是如何从家里出来，如何去机场，如何登飞机，如何坐上大巴车等等这一系列单调的事实。

从“何地”的角度来看，也就是要求我们在说一件事的时候，能尽快地进入事情的发生地。只有很快地进入这一段，我们的讲话重点才能够突出，主题才会比较集中地反映。所以，“何地”这一要素的交代是叙事能否把握重点的一个重要指标。

另外，我们也可以看出，时间的限制是帮助大家讲话抓住重点的一个重要训练方法。很多学员一开始不理解，认为两分钟时间不足以把一件事说完。但真的一尝试，却发现有了两分钟的限制，会让我们讲话变得紧凑而更加生动。原来我们平时的讲话太散漫，会讲很多与主题无关的内容，而讲话一旦有了时间的限制，我们在发言的时候，就本能地要删除很多无用的内容，从而让讲话变得精炼了，避免了松散和拖沓。

但这确实需要更多的准备和思考——就像当年有人问美国第二十八任总统伍德罗·威尔逊：“准备一份十分钟的讲稿需要花多少时间？”他答：“两个星期。”“准备三十分钟的讲稿呢？”“一个星期。”“准备两个小时的讲稿呢？”“不用准备，马上就可以讲。”这话乍听起来不可思议，但仔细一分析你便会明白篇幅越短越不容易讲，越需要做充分准备的道理，这也是我们的课安排每周上一次的原因。至于有人觉得两分钟的讲话训练不足以让人在业务或其他活动中发表更长时间的谈话，你也不用担心。事实上，能把两分钟的讲话说得完整和生动，那长时间的讲话，只不过是把无数个两分钟按一定的方式组合在一起而已，长篇讲话自然不成问题。我们听长篇评书，有的会长达上百集，但你会听出每一集基本上是一个片段，一个个片段组合在一起也就成了长篇评书了。所以如果练好了两分钟的发言，可以说长时间的讲话也就练好了。

三、何人

是代表我们说的事件中的人物，在叙述一件事的时候，与我们主题和重点相关的人物一定要说，而无关的人物你就不要去提。

四、何事

说一件事，“何事”当然是最重要的一个要素，前面所说的“何时”“何地”“何人”三个要素可能在一句话中就交代完了，比如一位学员说：“今年暑假的一天，大约晚上 8 点钟，我和妈妈坐着一辆旅行车，行驶在四川月亮山附近的巴朗山的山道上……”你看，这一句话就把三个要素都涉及了。因此，我们说“何时”“何地”“何人”基本上算是事件的背景材料，只要做简要的交代即可，最主要的内容应放在“何事”上。说一件事能否生动精彩，最关键就在于“何事”的表达上。

有一次，我听一位学员这么讲一件事："1998年，我来到北京工作，第一份工作是做办公用品的销售，第一次去的是一个大厦，走到楼下，看到大厦特别的豪华，心里很紧张，不敢进去，后来鼓足勇气，走了进去，那次是去了一个公司，谈完事下来。从这件事后，我就大胆多了，再也不紧张了。"这么说一件事，事情是交代完整了，但是大家感觉不出有什么生动。因为它太笼统了，让我们还不能了解事情的详细过程，所以这么说根本不具有吸引力。后来在我的要求下，这位学员说起了当时在楼下紧张的表现："当时看到楼里有很多保安，心里很害怕，吓得不敢进门，在大厦外面转了两圈后，才颤抖着走进了大堂。"这么一补充，表达的效果与前面的说法就有所不同了，既明确又具体，我们对他的紧张程度也有了更清楚地了解。因此，我们说一件事，一定要有具体、详细的描述，甚至要有细节的刻画——事物的形状、人物的动作、人物的心理活动、现场的声音等等，都要作些详细的刻画。这样来表达一件事才会生动、有趣，才能够吸引人，打动人。

我们来看首都经贸大学的王同学说的上考场的片段："2001年7月7日，是我高考的日子，早上洗漱完毕，吃了早饭。出门时，听到了音乐《今夜无人入睡》。我心想：'他怎么知道我昨晚紧张得没睡好觉啊？'没时间多想，骑车来到学校。校门外边是黑压压一片人。在一辆车的旁边，一位父亲手撑着车，望着他的孩子往里走。那眼神特别复杂，充满着关怀和期望。这时，听到我们的体育老师拿着话筒喊：‘请家长站到警戒线后面，给学生让出一条路来。’可是，没家长理会。我只能从人缝中穿过。经过人缝的时候，看到一位妈妈拿着手绢给比她还高的孩子擦汗，一边擦，一边对孩子说：‘没关系，孩子，撑不住了，你妈在外面，我们这有防暑药。’本来心情就乱的我，听了这话感觉更是不好。这时我闻到了紫罗兰香水味，可我当时的感觉不是香味，而是上刑场前的一种令人紧张的气味。在校园里，我看到我的一个同学，我走过去，和他握握手，他的手心冰凉，满手是汗，我只能说：‘保重吧。’怀着这样的心情，我走进了考场，我想日子还是得一天天地过，没有过不去的坎，最终我走过了高考的日子。但直到现在我一闻到紫罗兰香水的味道还是很害怕。”听了这篇发言，真是让我们难以忘怀，深深地体会了考生和家长的不安心情。因为王同学的描述多次打动了我们的感官，从视觉上，他让我们看到了一幅幅画面：校门前黑压压的人群，手撑着车目送孩子进考场的家长，拿话筒喊话的体育老师，拿手绢给孩子擦汗的妈妈；从听觉上，王同学让我们听到了音乐、体育老师喊话、妈妈对孩子说话、他与同学对话；从嗅觉上，他让我们闻到了紫罗兰香水的味道；从触觉上，他让我们感觉到了冰凉的汗湿的手。虽然我们没去现场，没有经历他说的这件事，但我们如同身临其境，感受了这一切。

五、何故

“五何公式”的最后一个要素是“何故”，就是事情发生的原因。事情的发生当然有原因，而且应该是先因后果。但既然原因在前，结果在后，为什么五何公式不按顺序安排先讲原因，再讲结果。而把“何故”放在最后说呢？这其实是对叙事结构的巧妙安排，也就是把事情发生的原因，或事情发展中的某些情节作有意识的隐藏，直到最后才交代，这样可以制造悬念避免平铺直叙，能增加叙述的生动性和吸引力。

请看学员张维的发言：

1972 年夏天的一个傍晚，阳光西下，在一个小河边，一个老奶奶手里拿着笤帚“啪啪啪”地抽打着两个孩子，一边抽，嘴里一边说着：“还敢不敢了，还敢不敢了？”两个孩子跪在地上，一把鼻涕一把眼泪地说：“不敢了、不敢了。”这时老奶奶嘴里不断地说着：“多谢了小光啊，多谢了小光啊。”这是怎么回事呢？

“原来是在我6岁的时候，我哥哥8岁。我们生活在农村，这一天，我们哥俩在河边钓鱼，这时，有条鱼上钩，我就向上一甩竿，一条鱼钓了上来。哥哥就去拿鱼，可抓住了鱼，再回头一看，我不见了。过了一会，只见我从水里冒出头来，原来是池塘边特别滑，我一甩竿，人就滑到水里去了。紧急的时刻，幸好我下意识地一伸手，哥哥抓住了我的手把我拽上来。后来，这件事邻居告诉了我奶奶，奶奶特别生气，结果就出现了前面的一幕。而小光是谁呢，其实是村里的一个在这个塘里淹死的小孩。农村的迷信说法是淹死了一个人，这个人的灵魂就会保护落水的人，会在水里托住他，所以奶奶要说多谢了小光。”这篇讲话虽然不长，但也有结构上的处理，就是把“何故”置后。从总体上看，第一段是说老奶奶打孩子的事，但同时也提出了一个疑问，到底是怎么回事呢？而第二段内容恰恰就是第一部分“老奶奶打孩子，还要说感谢小光”这一事件的原因，即“何故”。而这样的结构安排就把一件并不惊心动魄的小事讲述得非常具有吸引力。

下面是我亲身经历的一件事，我在很多训练班上也讲过，大家也可以注意一下“何故”的位置。1994 年 2 月，我回家乡过春节。在安徽蚌埠站换车，登上了一列南下的火车。车上很拥挤，车厢过道、车厢的接头处都站满了人，甚至于厕所里，都放着行李，站着人，我实在挤不进去，就只好靠车厢的一头站下。火车开动后约摸有半个小时，就听见车厢的另一头传来一阵嘈杂的声音，由于过道里全站着人，我什么也看不清。但一会，从过道的人群中，挤过来一位穿西装的中年男子，他右手举着一条红塔山香烟，烟盒盖打开着，一边走，一边用上海口音对其他旅客念叨："真是太巧了，我去上厕所，正赶上处理烟贩子，50 块钱一条，真便宜啊。"不一会，果然挤过来一位列车员，还领着一名烟贩子。列车员身着铁路制服，头戴大盖帽，满脸严肃，高声对大家说："车上抓到一个烟贩子，香烟现场处理，50块钱一条，100 块钱两条，谁买？ 谁买？"再看这名烟贩子，穿戴是民工的模样，头发散乱，双手提着一个敞着口的大旅行袋，向前抻着。往里一看，嗬！好几十条红塔山香烟。烟贩子在大声哀求："大哥，您就别卖了，我不是贩烟，我姐姐春节结婚，我从南方买来，结婚用的，不是贩烟，您就别卖了，给我留两条吧，给我留两条吧。"

列车员哪管这些，继续吆喝。这时，很多旅客纷纷递上了钱，这个递50元，"我买一条。"那个递100元，"我买两条。"列车员忙不迭地从烟贩子的旅行袋里拿出一条又一条香烟："给你一条，给你两条。"在烟贩子的身后，还有两个身材高大的汉子，一手拿钱，一手拿烟，冲着列车员喊："哎，再买两条，再买两条。"显然是刚买了烟，还嫌少，想再多买几条。我一面怜悯着倒霉的烟贩子，一面痛恨着列车员和买烟的旅客："真是趁火打劫啊，落井下石！"

这时，在我身边有一位上海旅客，刚刚花了 50 元钱买了一条烟，一接上手，他下意识地按了按烟盒，"咦，你这烟是假……”他刚想起身去拉列车员，没想到跟在烟贩子后面的两个大汉已到跟前，一把按住了他，低声喝道：“知道了，别说话。”上海旅客看了看身高马大的汉子，一屁股坐了下来，没再言语。于是这一帮人一边继续叫卖，一边消失在过道的人群中，进入了下一个车厢。等他们一走，我们这一节车厢里开始热闹起来，所有刚才买了烟的旅客明白了，他们遇到的是一伙骗子，卖的全是假烟。最后交代“何故”，就相当于给故事揭开了谜底，而故事正好就在高潮中结束。

总结

一、何时

以时间开始说一件事会增加吸引指数。

1. 时间是个提示器

2. 以时间开始最自然

二、何地

尽快地进入事情的发生地，避免报“流水账”。

三、何人

与主题和重点相关的人物要说，无关的人物不提。

四、何事

叙事要再现场景，必要时还需要加入细节的描写，使场景更清晰。

五、何故

“何故”放在最后，可以制造悬念避免平铺直叙，这样会增强叙述的生动性和吸引力。

练习

用“五何公式”讲一件童年时候发生的事。

第九讲　列举事例

谈印象深刻的人

你在演讲时会加入一些故事吗?

美国有一位作家叫爱德华·本瑞，他在谈到写作题材的时候说：“人们最感兴趣的首先还是人，其次是事，最后是观念。”他的意思是说读者会对人性的话题深感兴趣，其次是事情、事件，而最后才可能是理论、道理。也就是说对于理论性的东西，读者的兴趣程度最低。同样的道理也适用于讲话，听众喜欢听的题材是与人有关的内容，人的故事、人性的话题，而不喜欢听道理、被说教。你若是大谈理论或观念肯定让人感到厌烦，而在讲话中多放些人的内容、有趣的故事，那听众将会对你的讲话保持极大的兴致。

一、列举事例

先看一篇范文：

我的妹妹

我的妹妹小华，比我小 10岁。上小学时，虽然年纪很小，可她起床从来没让妈妈叫过，每天早上都是自己起来，蹑手蹑脚地穿上衣服，慢慢绕过妈妈，穿上鞋，到客厅背课文，等妈妈起来给她做饭时，她已把一篇课文背完了。

我们家养了条小狗，有半人高，特别调皮，一次它上了屋顶，却不小心从屋顶上掉了下来，摔得哇哇大叫，满院子乱跑，我一看，吓得躲到屋里，怕它咬我，可是妹妹看到狗嘴里流了好多血，就走了出来跑到狗身边，轻轻地用手摸着狗头。狗儿在妹妹的抚摸下，慢慢地卧在地上，舔着自己的血，终于平静下来。

我和妹妹经常在一起下五子棋，我非常喜欢白色的棋子，我的妹妹也特别喜欢白色的棋子。可是我们每次下棋，妹妹都把白棋子推到我的面前："哥哥，你喜欢白棋子，你用吧。"我的心里非常温暖。现在，我们家迎面的墙上全部贴满了妹妹的奖状。因为她学习好，我的爷爷、姥爷经常教育我的堂妹、老表们说："看看人家小华，要多向小华学习。"（郭磊）

这篇郭磊在课堂上的演讲稿通过举例的方式来介绍，我们对郭磊妹妹的懂事、善良、会关心人、学习好等就能了解得很具体了。所以，列举事例是介绍人物的最重要的方法，通过举例，就会让听众对这个人产生清楚的了解，也可以让听众根据这些事实对人物作出结论和判断，而不用自己去评价他是什么样的人。我们看郭磊在这篇讲话中没出现一句自己对妹妹的评论，但我们却能感受到郭磊对妹妹的敬佩之情。

卡耐基先生说："我们在准备演讲的时候，最重要的不在于观念的获得，而是在于能够找到将这些观念表达清楚和印象深刻的描述。"也就是说在表达的时候，最重要不是观念的陈述，而是在于能够使用生动的事例来说明观念。我从两年前开始了每晚记日记的习惯，其中最重要的原因，就是为了记下一些可以让自己在讲话时辅以说明的事例，这样我就可以把一些观念说得更清楚。

二、突出重点

疯狂的炒股者

自从老公迷上炒股以后，对"熊"字变得越来越忌讳，而对"牛"字则越来越喜欢。儿子作文里形容一个人长得异常强壮的"虎背熊腰"，硬是活生生地被他改成了"虎背牛腰"。他不让儿子跟姓熊的同学一起玩。从不沾牛肉的他，天天嚷着要吃牛肉。对于不法游医贴在我家门上的小广告，他死活不让撕，原因让人笑掉大牙，因为那叫"牛皮癣"。

这段话只围绕一个特点来说，非常鲜明。

三、对话模仿

在我们的介绍中，如果能将人物说话的原始状态模仿出来，将大大增强我们在说事或谈论人时的生动性。对话模仿是一种带戏剧性的表演手法，语言活泼，又能传递出大量信息，而且特别能展现人物的心理和个性特点。

学员戴尧给我们讲了她的一位前舍友：我们宿舍原来有一位舍友。有一次她家搬家，她妈妈打电话来商量买房的事，既然是妈妈来电话，你就客气一点，没想到她在电话里不客气地对妈妈说："你怎么那么笨啊，你那么大的人了，这点事还做不了主，你老问我干嘛？我在学校那么忙，我哪知道啊。"这么大声地给妈妈训了五分钟的话，最后说："算了吧，就这样吧，你爱怎么的，就怎么的吧。我把电话挂上了啊，妈。"我心想："啊，你还不错，你还知道这是你妈呀！"后来她离开了我们，搬到了另一个宿舍。一天晚上，半夜12点，大家都睡着了，有人敲门，我被惊醒了，问："谁呀？"

"我呀。"

"你是谁呀？"

"我是张琳。"

"你干嘛，都12点了，大家都睡着了，你赶紧走吧。"

"不行啊，我有点事得找王欣，我必须要进来。"

我听着她的声音像鬼一样，真吓人，只好开门让她进来，她说："我找王欣有点事。""王欣睡着了，你去找她吧。"

她走过去，不是推醒王欣，而是用两只眼睛死死地盯着王欣看，几秒钟后，就听"噢"的一声，王欣吓醒了，"哎哟，你是谁呀，你干嘛呀你？""我呀，就想跟你请个假，明天精读课我不上了。"王欣吓得连连地说："好好好！行！行！"

这就是我的前舍友，我们觉得她对我们怎么样倒无所谓，但对她妈妈太过分了。

戴尧在这篇短讲中，制造了好几次高潮，大家被逗得哈哈大笑。之所以能达到这样的效果，是因为戴尧把短讲中的对话全都做了生动的模仿，由于戴尧演员般的模仿力，她把这篇短讲演绎得绘声绘色，精彩绝伦。试想，要是把所有的对话都用叙述的语气表达出来（这完全做得到），那将会多么出色。

我们每个人的身上都不缺乏这种表演的能力，但随着年龄的增长，我们越来越陷入平淡的表达方式中，习惯叙述而不是对话，习惯慢条斯理，而不是激情地表现。所以，每个人都应多运用对话模仿这种活泼的表现形式，让自己兴奋起来，尽情地去表现人物的个性。

四、指名道姓

指名道姓能增添故事的真实性。鲁多夫弗列区说："没有什么能比名字更能增添故事的真实性了，隐姓埋名，最虚假不过。想想看，故事中的主角没名没姓，会是什么样子。"确实小说、电影、电视剧虽是虚构，但作者不会忘记为故事的主人公起名字。有了名姓的人物，会让你觉得真实可感。《红楼梦》中创造的一大批人物，由于名姓非常具体，最后大家感到历史上好像真的有这样一群人，还为他们建起了大观园，其实这只是作者的杜撰而已。有了名姓，人物也比较容易记忆，这个人物会从朋友、同学、同事等集合概念中突出出来，给人深刻的印象，现在连台风都有了名，像"巨爵""桃丽斯"，这就比"第 5 号台风""第 8 号台风"让你更易记忆。而没有名姓，人们对这样的人物也是不会关心的，就像你对电影中的土匪甲、土匪乙没有印象一样。

指名道姓的例外，就是这个人物是你的亲人，像父母、舅舅、姑姑等可以不用说出名姓，因为和你有关，人物已显足够的真实和突出。除此之外，一般都需要说出名姓，最起码要有姓。如"老李""小马""张经理"的说法。如果想保护他们的身份，不方便说出名姓，用化名来代替也比"一个人"的说法好得多。指名道姓也不用像自我介绍般地说清名字中的字是哪几个字，只需报出名字即可，除非他名字的含意与你所讲的内容相关。这条原则通常为大家所忽视，但从今天起，请重视起来。

总结

在讲述人的过程中，典型的例子和对话能突出形象。

练习

试着给朋友讲一个有特色的人。

第十讲　条理说明

把自己清楚的事情给别人讲清楚并不容易。

——照吾

汇报说明是否应该分清几点来讲？应该注意什么？

罗吉爵士有着四十年在各个大学讲学及巡回演讲的经验，他强调在演讲中两件事是最重要的：第一，知识与准备；第二，力求表达清楚。表达清楚，应是对讲话的基本要求，不过拿破仑经常向他的秘书下达的最郑重的一道指示就是："要清楚！要清楚！"看来要把话说清楚并不是一件容易的事。

说明情况，更是要求讲话要"清楚"。在工作中，说明性的讲话很多，当我们作指示、传达、解释、报告和说明的时候，我们所进行的就是说明情况的讲话，这类讲话会占到我们各种类型的当众讲话的 50%以上。同样，我们也不要低估"说清楚"在说明情况讲话中的重要性和困难程度，很多情况下，我们听不明白台上的人在说些什么。

在上一章，你刚学到了一个公式，可以做简短的讲话而有效地号召听众的行动。现在，你将学到一些方法，帮助你在向听众做说明时，可以把自己的意思表达得更清楚。

一、自己要清楚

在国外的口才训练班上，一位叫马丁的小伙子发言完之后，老师站起来为他点评：“马丁，我不太清楚你刚才在说些什么。”马丁看着老师“嘿嘿”一乐：“老师，这一点也不奇怪，因为我自己也不清楚自己在说些什么。”的确，一个人如果对自己想说的事情都不清楚，又如何期待别人了解呢？所以说话首先要做到的是自己得清楚自己所讲的内容。陆德威·魏根斯坦曾说：“凡是可以想到的事情，都可以清楚地思考，凡是可以说出口的事，也都可以清楚地讲述。”

下面给大家介绍三个方法来帮助我们理清思路，明确自己要讲的内容。

（一）根据时间限制题材

学员孙红要介绍一种叫“口腔喷”的产品。她说这种“口腔喷”有十大特点，然后真的在规定的两分钟时间内把十个特点介绍完了。但听完她的介绍，我对其他九点是什么都很模糊，印象比较深刻的只有一点可以对付“色狼”。为什么她的介绍我没记清楚呢？我们可以算一算，2 分钟的时间要说十点，平均下来，每一点只有 12 秒钟的时间可以用。那 12 秒的时间够说什么呢？ 也就是把每个特点像报标题一样报出来也就差不多了吧，哪还有时间去解释呢？

这样的讲话不就像看报纸只看标题不读内容一样吗？但我们有哪一位是只看标题而不看内容就能清楚了解报纸的全部信息呢？ 如果这样，现在的报纸可以不用出 100 多页让人看不完，出上一页标题就够了。可是不行，我们还需要有内容让我们了解，要不然，我们是不可能了解和记住的。成人的记忆方式是理解记忆，就是说对一件事情只有理解了，才能记住，这和幼儿的“模式记忆”是不同的，幼儿可以对一个事物不加理解，用声、像的方式一股脑地记住，但成人不行。所以孙红用这样的方式来给我们介绍，我们无法了解，更不能理解，当然也就记不住了，这样的介绍又有什么效果呢？

而在另一个班上，学员李玲同样也是介绍这种产品“口腔喷”。但她却聪明地从十个特点中选取了三个突出的特点来介绍。她介绍“口腔喷”有一个特点是“能止血”，她举了一个事例：一次在去武汉的列车上，一位同车厢的旅客鼻子出血，想了很多法子还是止不住，李玲想起“口腔喷”有止血的功能，便用随身带的“口腔喷”向这位旅客鼻子喷了一下，结果血一会儿就止住了。她介绍“口腔喷”的第二个特点是可以去除笔迹和油渍，特别是对刚画上的笔迹非常见效。她马上给我们演示了一下，拿出一只圆珠笔在自己的一只手掌上画了一道，然后用“口腔喷”向这道笔迹一喷，再用手一擦，结果手上便干干净净了。她介绍“口腔喷”的第三个特点也是可以对付“色狼”，但她又为我们解释了这个小小的口腔喷是如何对付色狼的。原来在遭遇色狼时，我们可以用“口腔喷”喷色狼的眼睛，因为这样可以让色狼眼睛辣得睁不开。你就能趁机逃脱去报警，如果不喷眼睛而去喷别的地方是没办法对付这只“色狼”的。

经过她这样介绍，我们对“口腔喷”的这三个特点非常清楚，相信大家也会印象深刻。那为什么同样的产品孙红介绍不成功，而李玲介绍的却很成功呢？这其中的道理就是孙红没有根据时间限制题材，而李玲却根据讲话时间对题材作了恰当的限制，所以她就有足够的时间去解释清楚了。

哈佛大学最著名的心理学教授威廉·詹姆斯在向教师们发表演说时指出，一个人在一次演说中只能提出一个要点，而他所谓的一次演说的时间却是以一个小时为限。很多人讲话之所以说不清楚，其中一个最大的问题就是想涵盖太多的内容，以为面面俱到最能讲得清楚。岂不知越是这样越无法说清，因为你没有足够的时间把内容展开。因此你的讲话只是一个过于简单的大纲，结果，你就成了一只敏捷的羚羊，飞快地从这一点又跳到另一点。

（二）合理安排顺序

当我们确定好要讲的内容之后，我们需要把这些内容理出一个清晰的顺序来。如果内容混在一起，那可就成了缠在一起的一团麻。

有一种顺序是按时间来安排，如工艺、流程像报纸的印刷过程、植物的生长过程、淬火的工艺、做一道拿手菜等这些属于程序类的内容都可以按时间的顺序来安排。有些内容需要按空间顺序来安排，比如广场、街道、小区、楼宇，还有从结构介绍的机械、物品等。研究中国传统文化的学员董汶仲介绍了某大厦前的风水球，他从底座到喷水装置再到球体，由下至上来介绍，就是依照了空间顺序作的安排。学员张占英介绍的复兴商业城从一层的东区到西区、然后二层的东区到西区，再三层的东区到西区来介绍，依照的也是空间顺序。有些事物可能没有明显的时间或空间顺序可以安排，但你可依照它内在的特点来考虑，学员孙伟介绍以色列这个国家，他的顺序是一块土地两个国家、三大教的发源地、四面临水，这本是不能按同一标准分类的三个特点，但在一二三四的串接下，产生了顺序感，也让人感到很清楚。

总之，任何事物都可以理出一个顺序，当内容有了顺序的安排之后，你的讲话就如同大雁的飞翔，线路清晰而明确；没有顺序，你的讲话就是夏天黄昏时蝙蝠的飞翔，凌乱而无从把握。

（三）重点提示

理清顺序之后我们还要做的就是把内容明确地分成几个层次，每个层次再根据内容浓缩出一个重点，然后冠以“第一，第二，第三，第四，第五……”形成“数字 + 重点”的形式以形成整篇讲话的重点提示，特别对于长篇讲话，有了重点提示会大大增加说明的条理性和清晰程度。党的十六大报告，内容丰富，涉及广泛。但你却可以比较容易地了解。原因就在于它首先把整个报告的内容分成十大部分，然后每个部分都有“一、二、三、四……”再加标题的重点提示来引领。如果每个层次中还有小层次，就像报告中的第一部分内容“五年的工作和十三年的工作总结”，还需要再列出十项工作经验，就在小层次中再用一、二、三、四、五……加小标题的形式再次形成重点提示，这样一来整篇报告就脉络清楚了，内容再多也不乱。

学员徐晓为大家介绍插花的四个基本步骤是这样说的，我为大家介绍插花的四个基本步骤：第一步是“确定高度”，就像一个人，太高或太矮都不好看，插花作品也是一样的，根据经验公式是：我们把作品高度定为插花容器的1.5—2倍。第二步是“确定焦点”，焦点就像是人的心脏，有了焦点，作品才有生命力，才能吸引人的注意，我们可以选择花形高贵，颜色绚丽的花朵，如百合花、红掌、非洲菊都可以，我们把它放在靠下一些的位置，这样能够吸引人的视线。第三步是“使之丰满”，一个骨瘦如柴的人肯定是不好看的，要有血有肉，最好还得穿上衣服，我们可以选择一些小菊花或康乃馨之类花形比较小的块状花材来做。第四步是“调整平衡”，平衡是什么意思呢？就好像一个人在不同的位置伸展双臂，让你感觉非常舒展，同时又站得很稳。这就是平衡的作用，我们可以用一些造型奇特的工艺品来做到作品的平衡。

我们共同回忆一下这四个要点是：确定高度；确定焦

点；使之丰满；调整平衡。学会了这四点，你就可以进行插花了。徐晓在课堂上一边做着插花的演示，一边在给大家介绍，介绍完，一件漂亮的插花作品也完成了，这个发言得到了大家热烈的掌声。在这篇发言中徐晓运用了说明情况的好几种方法，而最重要的就是她采用了“重点提示” 的方式，通过“重点提示”，她的讲话井然有序，条理分明，给我们留下了特别清晰的印象。

另外提醒大家还可以像徐晓一样，在我们发言的最后再用“重点提示”做个归纳总结，以给听众留下一个更清楚、更完整的印象。这种方法对于我们在一次讲话中要说到内容的好几个部分的发言，尤为重要。

二、说话看对象

通过以上的整理，我想我们可以做到思路清晰，明确了自己要讲的内容，但这样是否就代表我们在说的时候听众一定会明白我们的意思么？当众讲话的成功是因为我们讲了什么就成功吗？不是，当众讲话一定要让听众明白我们讲了些什么才算是成功。所以说，这里面还有一个对象的问题。

中央电视台节目主持人敬一丹有一次在山东一个县采访，她要采访“农民产业协会”。对于“农民产业协会”敬一丹并不太清楚它是一个什么样的组织，为了便于采访，她先向当地的政府官员及专家请教什么是“农民产业协会”，专家说，“农民产业协会”是农民自发形成的一种经济联合体，是为农民服务的有些像工会一样的组织，一个协会，下面辐射了很多村庄、农户，是市场化的产物。

听了专家的介绍，敬一丹明白了这样的组织。经安排，她去采访一个养猪协会的会长，当地人俗称为“养猪头”。在“养猪头”的猪舍前，大家架好了摄像机，用猪争食的场面作背景，一切就绪。敬一丹也把话筒伸向“养猪头”：“请问会长，你们协会现在辐射了多少农户啊？”“养猪头”一下子愣了：“对不起，记者同志，什么叫辐射？”敬一丹此时也一下子反应过来，马上把话一改：“噢，养猪头，就是问你这个协会下面管了有多少户？”这一下，“养猪头” 明白了，开始滔滔不绝说了起来，采访也顺利地进行了下去。采访中发生的这件事本是一件小事，也没有影响采访工作，但敬一丹并没有放过它。采访结束后，她自己做了深刻的反思：“我是一名记者，整天要和人说话，可我刚才说的话别人不懂，竟然造成了交流的中断，我能说：‘你怎么这么没文化，连辐射都不懂？’农民不懂‘辐射’很正常，用‘辐射’一词虽然准确，但只能和专家、政府官员，识文断字的人说，就是不能和农民说。作为一名记者，我应该有对象的意识，说话不看对象，这就是我的错。”敬一丹最后还因这件事总结出了一句话：“如果找不到和不同的人说话的方式，就是自己没文化，而不能怪别人没文化。”也就是说，如果你不能以别人了解的方式去和别人讲话，而造成了沟通的阻碍，那可别怪别人没文化，那只能是你自己没有意识。因此想把话说清楚还须做到说话看对象，不看对象，只会以自己的方式来讲话，就只能招致讲话的失败。“你不能以别人了解的方式去和别人讲话，就是你没文化，不能怪别人没文化。”别人听不懂，那首先是我们的错。如何能做到说话看对象，把话说进听众的脑子里去，也有下面三点要把握。

（一）避免专业术语，语言要通俗

上例中我们可以看到，敬一丹两次提问“养猪头”的语言状态明显不同，第一次提问用了“会长”“辐射”这样的词，语言显得很专业。而第二次提问变成了“养猪头，你管了多少户？”就显得非常通俗，而话一通俗，养猪头就容易理解了。所以，要想别人易于了解我们的讲话，专业的语言显然要避免。以前有一个行当，他们说的话，虽然是当地语言，但别人根本听不懂。因为他们的语言是：“天王盖地虎，宝塔镇河妖……”

我们知道这是土匪说的话，俗称“黑话”。“黑话”为什么我们听不懂呢？就是因为土匪是用他们的专业术语来讲话的。这虽是很极端的例子，但也说明了唯有避免了专业术语语言才能简单明了。现在的行业分得很细，并且还出现了不少新的行业。

而各行各业都有自己的专业术语，技术性、专业性强的如工程、制造、计算机、医药、法律等行业自不必说，就是与大众关系密切的新兴的投资、股市等行业也都有自己的专业术语。我记得有位学员谈及股市的时候，在他的讲话中，多次说到开盘、收盘、抛盘、洗盘、大盘、涨停、追高这些股市的术语，对于我这个不了解股市的人来说，如同进入沙尘天气，眼前一片模糊。我不清楚他说的是什么，也不知道他说的这个“盘”和饭馆的“盘”到底有什么不同？

一个人在某个行业中时间长了，就会对行业中的专业术语耳熟能详，也容易把这些专业术语变成自己常用词汇的一部分，经常在讲话的时候随口就说出来，根本意识不到这是专业术语。就算有时候意识到了，他也可能不以为然：“这个词你还不懂？”人有这样一种误区，就是习惯于以自己的理解和感受来推测别人，自己热，看着别人也觉得热，自己冷，就觉得别人是不是穿少了，所以人们普遍会认为自己了解的别人就一定了解，自己知道的别人就一定会知道。可是“隔行如隔山”，如果别人不是这个行业中的人，他怎么就对这种专业术语一定了解呢？

专业术语的适用对象应该是行业内的人，如果面对的是行业内的人士，你可以用专业术语，而如果对象是行业外的或是普通大众，你就要注意了，一定不要用专业性的语言，而用一些白话、通俗的话来讲，因为通俗的语言是为普通大众所能理解和接受的，形象地讲，就是我们要说“普通话”。如果专业术语无法避免怎么办呢？有时候确实如此。那就需要对这个术语加以解释说明，等解释了之后再运用，并且在解释的时候还要说得慢一些。至于要说得慢，这里面还涉及另一个话题，就是在讲话这种沟通的状态中，信息的接受者是被动的，它不同于阅读，阅读时信息接受者就是看书看报的人主动，想先看哪段再看哪段，完全是自己说了算，哪段看不懂，再回头看也可以。但在讲话这种信息传递的状态中，信息接受者即听话的人是被动的，他只能跟着讲话的人的节奏走，讲话的人说到哪，他就得听到哪，如果有哪一段没听懂，就势必影响到他对后面内容的理解。因为听讲的人被动，这就要求我们要有意识：在我们当众讲话，特别是说明情况类型的当众讲话中，一定要说得慢一些，因为它比一般的讲话要复杂和难以理解，尤其对于专业术语、专有名词、关键词、生僻的字加以解释的时候更要说得慢一些，并且要经常停下来问一问听众是不是还有问题，是不是都明白了，这都是非常必要的。当然有些人是故意用专业术语、专业词汇来讲话以显示自己的才学。

古代有一个笑话，说是一个秀才在晚上睡觉时被蝎子蜇了，他大叫：“贤妻，速燃银灯，尔夫为毒虫所袭。”他妻子没明白，问："你说什么？"他又说了一遍。妻子还是不明白，最后秀才疼得实在受不了了，脱口说道："老婆子，快点灯，我被蝎子蜇了。"他的妻子这下才听懂，说："你这么说，我不就明白了吗，疼死活该。"

假专家很欣赏这种语言，因为他们怕被人瞧不起，所以要故作深奥，满口的专业术语，把一些简单问题复杂化，让人听不明白，觉得他有水平。但当我们以后听不懂假专家的讲话时你就可以依据这句话去判断："不能以别人理解的方式说话，就是他没文化。"真正的专家是会用通俗的语言来讲解深奥的道理的。亚里士多德说："思考如智者，说话应如常人。"

（二）用听众熟悉的事物作比较

1954年，周恩来总理出席日内瓦国际会议，为了向外国人宣传中国人并不好战，决定为外国记者举行电影招待会，放映越剧电影《梁山伯与祝英台》。工作人员为此准备了一份长达十六页的说明书。周恩来看了批评说："这是不看对象，对牛弹琴。"工作人员有点不服，半开玩笑地说："给洋人看这部电影，才是对牛弹琴呢！"周总理说："这要看怎么个弹法，你用十几页的说明书去弹，那是乱弹。我换个弹法，只要你在请柬上写一句话：请你欣赏一部彩色歌剧电影：中国的《罗密欧与朱丽叶》。"这句话果然奏效，邀请赢得了外国记者的赞赏。

当我们像这位工作人员一样，辛苦了半天，也不能表达清楚我们的意思时，你是否想过用周恩来总理的这种四两拨千斤的方法呢？这种方法，就是用对方熟悉的事物来做比较。在上例中，周总理的做法很明显，就是用外国人熟悉的事物——歌剧《罗密欧与朱丽叶》来与他不了解的越剧《梁山伯与祝英台》相比较对照，让他们去了解我们想告诉他们的内容。结果，仅用一句话就让外国记者明白了。

用听众熟悉的事物作比较是说话看对象的具体运用，还有两个具体的方法：

1. 转换画面

转换画面，就是根据两种事物的实际状况来进行比较，它的用词是“相当于……”或类似的概念。比如学员安然说他的家乡满洲里是在齐齐哈尔西北 1250 公里的地方，他接着介绍说如果中国的版图像一只公鸡，那满洲里的位置就相当于公鸡的后脖梗子那里，这后一句“相当于”的说法就是转换画面。我相信他说完 1250 公里，可能没人会记上5分钟，但他转换的那个画面，我们却可以长久地记住。搞航天研究的学员李翔宇为我们介绍“长二捆”火箭，他说“长二捆”火箭的推力相当于 20 个火车头的推力。他并没有说出火箭的推力具体有多少吨，我想就是说了，对这个数量大小我们也没办法去感受，但相当于 20 个火车头的说法给了我们一个直观的概念。学员李梅说人每天所需的食用油只要 25 克，那

25 克是多少呢？她说道，相当于两瓶盖。这样你是不是一下子就知道 25 克有多少了。

《北京晨报》(2002 年 9 月 16 日）刊登的一篇文章标题是《一年喝掉一个西湖》说得是我国饮酒的消耗量及带来的问题。这个标题所用的方法也是转换画面的方法。转换画面因为是据实转换，所以对数字的描述特别实用。像月亮有多远？ 太阳有多远？ 最近的星星与地球的距离等等这类问题的解释，如果科学家用一连串的天文数字来回答，那普通听众是难以理解的。所以天文学家需要把这些枯燥而缺乏形象感的数字转化为图画的方式呈现在听众眼前。

著名的科学家詹姆斯·金恩斯，在他解说与太空有关的数学概念时，他很少用实际的数字来表示。他认为除非是非用数字不可的时候才用，否则不会有效。他在著作《我们周围的宇宙》中描述太空中的距离：“即使是最近的一颗星(普洛西马·森多里)，距离地球也在25兆哩以上。”为了让读者对这个数字有一个形象的认识，他解释道：“假如一列火车以60公里／小时的速度从地球上出发，要走 4800万年才可以到达这颗星。如果在那个星球上唱一首歌，要在 308 万年后，我们才能在地球上听到，假如一个人从地球上以光速300000公里／秒飞行，他将需要四年零三个月的时间才可以到这颗星。”他又解释道：“如果用一根蜘蛛的丝从地球上拉到那个星球上，这些丝的总重量要有 500吨。”看，这是多么有趣的转换画面的方式！利用这样的方式来说明对听众来说是不是容易了解得多?

2. 运用类比

学员王世忠在谈及泡沫经济的时候，他这样说：“一杯啤酒，当放了几天后就变质无味，没有一点泡沫，这就是传统经济，而一瓶新打开的啤酒，猛然倒入杯内，只有一点点啤酒，大半杯是啤酒沫，这就是泡沫经济，泡沫经济总是产生于新兴产业。而经济泡沫应是打开一瓶啤酒后慢慢倒入杯内，在满满一杯啤酒上产生的一点泡沫，看起来赏心悦目，喝起来沁人心脾。所以做投资，千万不要投没有泡沫的啤酒，因为它既不好看也不好喝；也不要投那大半杯泡沫的啤酒，因为它物非所值；要买就买那带点泡沫的啤酒，好看又好喝！”

这番解释经济与泡沫的讲话很有意思，又很能说明问题。这种方法，便是类比，即我们所说的比喻、打比方。它与转换画面方法的区别在于，转换画面对照严格，切实，而类比是根据两种事物的相似或相近的性质作比较，不是非常严格，相对虚拟一些。用词多是“像……”或“类似……”这样的词，当然也可以用“相当于……”但此时的“相当于……”和转换画面所用的“相当于”的概念是不同的，它的主要意思就是“像……”。类比在文学上是常用的修辞手法，类比的运用可以使语言生动形象，所以文学上称比喻是

"艺术中的艺术"。而对于说明情况，用类比这种"以其所知，喻其不知，使其知之"的方式，正是我们所说的用听众熟悉的事物来做比较。

在我们的训练课上，因为要求大家做说明情况的发言要采用类比，所以我听到了各种各样、五花八门的类比，有说计算机的主机像饭店的厨房的；有说开车换挡分别像走楼梯上楼和坐电梯下楼的；有把扇形插花比喻成拍合影照片的；还有学员说计算机的病毒像台湾特务的……虽然有些类比并非特别贴切，但通过这样的训练，大家增强了转化的意识，自己也体验到了更多的讲话乐趣。因此我建议大家平时多养成转换画面和类比的说话习惯，它不仅能帮助我们把事物的形、状、理说明得通俗易懂，而且能让你的语言具体、形象、幽默、风趣，它的效果就会像有的饮料广告所称"爽口、爽心"。这是非常有意思的方法。

（三）利用展示物

展示是我们在说明情况时要经常采用的手法。这也是很重要的视觉辅助手段。关于视觉辅助我们在前面强调了讲话时语言要具有"画面感"，表达过程中要多辅以"动作""表情"的表现手法等等。在说明性的讲话中，除了这两个方面的视觉辅助外，我们还可以运用包括出示物品、展示图片图表、写板书、用投影幻灯来放映，用电脑实现动画效果等展示的方法作视觉辅助。

用实物做展示是较佳的方案，因为实物最直观、最明了，但用实物来展示通常会受到场地和条件的限制，所以用模型、图片、图表、文字来展示倒是常用的方法。这几种展示物比较起来，用文字只适合做一些标题和重点的提示，而且只能用简短的语句，字要足够大并且容易辨认，如果是边写边说，讲话者要随时转身面对听众。用图表适合于展示数据，展示时也要让它足够大，而且千万别把这件事做过了头，一长串的图表通常也是令人感到无聊的。在用文字、图表、图片作展示时，图片的效果最佳。已故的美国全国收银机公司总裁派特森，在为《系统杂志》所写的一篇文章中，说明了他演讲时所用的方法："我认为，一个人不能期望单凭言语，就让人了解他的想法，或是得到别人对他的注意。他另外还需要一些戏剧性的补充，最好是补充图片。图表比文字更具说服力，而图片又比图表更具说服力。对某一主题的最理想的表现方法，就是将每一部分配以图片，而文字与语言只是用来与它们配合。我早就发现，和人们打交道时，一张图片胜过我所能说的任何话。"

在运用展示物的时候有下列九条规则是应值得我们注意的：

1. 切题——要根据讲话内容选择展示物，展示物必须能确切表达你要说明的事物或传递的信息，不能为了展示而展示。

2. 足够大——展示物应足够大，要使最后一排听众也看得清，不然听众就不能从展示中了解到东西。

3. 应时——展示物不一定先让听众看到，直到需要展示时再出示。

4. 神秘——如果展示物适合做“神秘处理”，则可以将它放置于身边的一张桌子上，把它盖住，讲话时多次提到，但不说它是什么，这样可引发听众的好奇心，当你揭开覆盖物时，便会有揭开谜底之感。

5. 可见——展示一样东西时，要把它举到听众看得见的地方。

6. 沟通——说话时自己不要盯着展示物看，要和听众沟通，而不是和展示物沟通。

7. 禁传——讲话的时候，绝不让展示物在听众中传阅，这样会给自己招来“竞争对手”。

8. 活动——一种活动的展示物胜过十种不动的展示物，若条件允许，让它动起来。

9. 即收——展示物使用完毕，尽可能收起来，不要让听众再看见。

规则八提到展示物最好能活动起来，是因为人的眼睛对活动的物体最为注意，这也是很多要引起人注意的东西会动的原因。街头的广告牌要翻动，理发店的招牌要转，街头的霓虹灯要做出运动的效果，警灯要闪烁等等都是因为这个原因。当我们运用展示物，若是能将展示物动起来，那将把听众对展示物的注意力又扩大了一倍。

虽然并不是每一种主题和场合都适合展示，但只要能够，我们就应该使用它，因为它最能吸引听众的注意，最能激起听众的兴趣，而且最能有效地帮助我们把要讲的事物说得更加明白清楚，正如中国的一句老话所说："百闻不如一见。"

总之，想把话说清楚需要勤于思考，并运用多种不同的方法。美国总统林肯算是一位语言大师，他对自己如何追求表达清晰有一段自述："我记得，我还是个孩子的时候，当有人以我听不懂的方式对我讲话，我会异常愤怒。我想，在我一生当中，还不曾对别的事生过这么大的气。可是听不懂别人讲话总是使我发脾气，以后一直都这样。我记得，一天晚上，在听过父亲和邻居的聊天之后，我走进自己的小卧室，大半夜都在房间里踱来踱去，一直反复思考着他们说的那些令人费解的话，试图想出这些话的确切含义。虽然我常想睡下，但就是睡不着，一直到我费尽心思，将那些意思用浅显明白的语言表达出来，并自认为可以让我认识的每个男孩都理解才罢休。这是我的一种狂热情绪，此后一直牢牢地跟着我。"

"狂热的情绪"？是的，新撒勒姆学校的校长葛拉罕证明说："我知道，林肯经常以好几个小时的时间，研究如何以三种最好的方式来说明一件事情。"

那我们也就明白了，为什么林肯的仅有十句话的葛底斯堡演讲，会被铸成金文珍存在牛津大学的博物馆中，成为了英文演说的典范。

总结

说明情况的方法：

一、自己得清楚

（一）根据时间限制题材

（二）合理安排顺序

（三）重点提示

二、说话看对象

（一）避免专业术语，语言要通俗

（二）用听众熟悉的事物做比较

1. 转换画面　　2. 运用类比

（三）利用展示物

练习

试着说明一道菜的做法。

第十一讲　即席发言

追求自信自然自如的风格。

——照吾

即兴演讲难不难？有没有技巧可循？

1955年，应缅甸、印度、印度尼西亚、巴基斯坦五个发起国的邀请，周恩来总理代表中国政府参加4月在万隆召开的亚非会议（即著名的万隆会议）。在开幕式上，周恩来代表中国政府发表了演说，表示支持亚非国家的独立自主，争取世界和平，反对霸权主义，反对侵略、战争和干涉别国内政的立场，并提出了国与国之间关系基础的和平共处五项原则。周恩来的演讲收到了很好的效果。但在大会的最后，由于种种原因，会议出现了严重分歧，会场气氛突然紧张起来，形势对中国很不利。面对这种复杂的局面，周恩来当机立断，又在大会上作了即席发言。只见周恩来从容不迫地走上讲台，作了简单的说明之后即转入正题，他指出："中国代表团是来求团结的，不是来吵架的。"顿时，各国代表都静下来倾听周恩来的发言。在发言即将结束时，周恩来用恳切朴实的语言说："我们是容许不明真相的人怀疑的。中国俗话说：'百闻不如一见。'我们欢迎所有到会的各国代表到中国去参观，你们什么时候去都可以。"发言结束后，会场上爆发出了长时间的掌声和欢呼声，整个会议大厦为之沸腾。可以说是周恩来的这个即席发言，在关键时刻力挽狂澜，扭转了会议的僵局，也为中国外交打开了新的局面。

在现代社会，即席讲话非常普遍，公开场合上的讲话已不再拘泥于传统的如雷贯耳、声情并茂的演讲形式，工作上的很多决策也更多是通过讨论或商谈的形式而不是由领作报告来达成的，所以讲话者在表达上应该更自然和随意，随机性更为突出。“可是如果事先有准备，我讲起来就没有困难，但要让我毫无防备地站起来讲话，我就不知所措了。”对于即席发言，很多人可能会这么说。有一次，一位著名的播音员，应邀到某城市担任大赛评委。观众很热情，欢迎她讲话，由于事先没想到，这让她有点左右为难。情急之下，她只好拿起一张报纸，干起了老本行，给大家朗读了报纸上的一篇文章，结果让观众大为失望和扫兴。像这样一位高水平的播音员，对于有稿播音，我们不会怀疑她的水平，但她竟然不会即席讲话？ 从我们训练当众讲话的经验来看，不仅是播音员，就是每一个智力正常，有一定当众讲话基础的人都是可以做到即席讲话的，只要通过适当的学习。我想，这位播音员缺少的只是说自己话的习惯，缺乏即席讲话的锻炼罢了。

下面的几个方法，可以在你突然被人邀请说上几句时让你顺畅地表达自己。

一、要有即席发言的心理准备

天津大学已故的学者鲍昌教授是位百科全书式的人物，用作家王蒙的话来说“我们只知道鲍昌知道什么，不知道鲍昌不知道什么。”意思是鲍教授学问太大了。有一次鲍昌教授应邀出席欢迎缅甸客人的一个宴会，席间鲍教授做了即兴讲话，他的讲话非常精彩，其中还涉及了一些缅甸的历史人物。这让在座的缅甸客人非常吃惊：“鲍教授，您说的这些人物，怎么连我们都没有听说过啊，你的知识太丰富了！”宴会结束后，一位大学老师对鲍教授说：“鲍教授，您今天的即席讲话一字不加，一字不减，照原样写下来，就是一篇可以在大学里采用的范文。”鲍教授说：“你说对了，我这篇即席发言，其实是事先写好的，我是照着背的。”原来鲍教授在一个星期前接到了这次宴会的请柬，他就去了资料室，把和缅甸相关的资料能找到的都找到，然后事先准备好了他在宴会上的这个发言。原来，鲍教授这个看似即席的讲话其实不是“即席发言”，而是个有准备的讲话，难怪这么精彩。但它一方面说明了鲍教授认真的态度，另一方面也说明了一个问题：就是很多光彩四射的即席演说家，并非是我们所想象的事前毫无准备，他们可能是在心里已做了无数次从未发表的演说后，才做出的即席演讲，而这样的即席讲话是他们平时就准备着的。

也就是说，如果能在事前对我们的即席发言有所准备这样最好，因为你有了更多的时间去思考和组织，一定会比真正的即席讲话更充分，更精彩。但如果事前不能做准备，那就应该在会议上随时保持即席发言的心理准备，就是在开会当中不断问自己，如果现在被请起来讲话，我到底要讲些什么，选择哪方面的题材来讲，表达什么样的观点，提出什么样的建议？当心理上有了这样的准备，你被邀请说上两句的时候，你才不至于心慌意乱的像揣了十五只兔子的魔术家，七上八下了。你甚至还能稍稍得意，因为被邀请讲话正是你意料之中的事，于是你可以清清嗓子，开口谢谢主持人的邀请了。

二、用适时适地的原则选择话题

有了心理准备，只是即席讲话的基础，一旦真的请你讲话，你必须迅速确定一个话题。有人说，恰当的话题是即席发言成功的一半。因此，选择话题非常重要，如何选择呢，你可以遵循以下四个原则：

（一）议题

任何会议和活动都有自己的目的，大家为了什么聚到一起？ 是研讨问题？ 是新闻发布？ 是纪念活动？ 还是表彰大会？ 针对不同场合，发表与会议主题相关的即席讲话，是绝对错不了的。比如在单位运动会的颁奖仪式上作即席发言，像“祝贺”“感谢”“意义”“号召学习”“希望”等这样的话题，都会与开运动会的目的相关，选择这些话题就不会跑题。

（二）听众

谈谈听众关心的话题或听众本身，也是不错的选择。因为我们的讲话对象是听众，效果如何，要看听众的反应。他们才是衡量讲话成功的关键。因此，谈听众关心的话题或听众本身，最能激起听众的兴趣，维持听众的注意，此时，并不见得有奇闻轶事或深刻的哲理便可打动听众了。

（三）自己

选择自己有研究或熟悉的话题来发表讲话，能有效地消除紧张情绪，增强信心，打开思路，激发讲话欲望，易于表现热情并谈出深度和新意，有助于讲话的成功。但这种话题一要注意是否和会议议题有关联，如果没有关联可用过渡语，由会议议题引到自己要讲的话题上来。二是千万不能有自夸的成分，多谈事和理，少谈自我，这样才能保证听众的接受。

（四）感受

在会议现场，由于听别人的发言，或是受了会场气氛的影响，自己内心特别有感受。选择这样的内容作为即席发言的话题来展开，有时会获得意想不到的效果。

闻一多先生著名的《悼李公朴先生》的即席讲话，振聋发聩，催人泪下。其原因就是闻一多先生当时义愤填膺，内心有着强烈的感受。1946 年 7 月 11 日，民盟中央委员李公朴先生被人暗杀。7 月 15 日上午，闻一多先生主持了李公朴先生的追悼大会。李先生的夫人张曼筠女士首先讲述了李公朴先生的遇难经过，控诉了国民党的卑劣罪行，使一千多听众愤然泪下。正在此时，混进会场的一小撮特务分子，有说有笑，甚至无理取闹，极为嚣张。闻一多先生本来没有准备讲话，但见此情景，他无法抑制心头的愤怒，于是拍案而起，痛斥特务的无耻和反动派的罪行。他说："这几天，大家晓得，在昆明出现了历史上最卑劣最无耻的事情！李先生究竟犯了什么罪，竟遭此毒手？他只不过用笔写写文章，用嘴说说话，而他所写的，所说的，都无非是一个没有失掉良心的中国人的话！大家都有一支笔，有一张嘴，有什么理由拿出来讲啊，有什么事实拿出来说啊！为什么要打要杀！而且又不敢光明正大地来杀，而偷偷摸摸地来杀！这成什么话！"闻一多先生在愤怒至极的情况下，内心的情绪如洪水般奔泻而出，严厉声讨了反动派的罪行和特务的卑劣手段。使这篇讲话最后成为历史的经典，编进了教科书。闻一多先生这篇讲话的话题主要就是自己内心的感受。这种感受性的即席讲话，因为仅由这次活动或会议而感发，现场感很强，好像是专为这个场合量身定做的，所以很有特定性。就如不常开放的昙花一样难得一见，值得欣赏。

三、立刻举例

确定好话题，便要开口讲话了，那么建议大家，一开口便要举出事例。因为立刻举例对我们即席讲话有以下三个方面的帮助：

（一）事例易说，道理难讲

如果你面对这样一个题目："怎样使自己发言的时候不紧张？"如果你采取以论证说理的方式开始，从"发言紧张的分析"到"提出解决办法"。一般来讲，如果你事先未作认真思考，在即席状态下，想立刻针对这个问题说出个所以然是非常困难的。因为你需要边说边思考，而思考正是全世界最难做的事情。你一旦找到了与你要讲的问题相关的事例，那你可以马上从苦思冥想中解脱出来。因为事例、故事易于讲述，既有的说，又说得生动。我们为何就难避易，给自己找麻烦呢？

在我们的训练课上，当学员郭磊抽到这个题目时，心里还确实不轻松。但他依照立刻举例的思路，想了一下，立刻想到了一个例子，于是对大家轻松地道来："我有一个同学，他说话、见人就脸红，特别是面对陌生人的时候，即使人不多，只有三四个人，他都说不出来，有时说得结结巴巴。有一次我们班搞活动，让他上台表演节目，他的文艺才能特别好，上台唱歌一点都不紧张，唱得绘声绘色，唱刘德华的歌，特别像刘德华的声音。我就觉得为什么他平常在下面说话的时候就说不出来，表演结束后我就问他为什么不紧张。他说：‘我已经投入到那种境界中了。’所以要使自己当众讲话时不紧张，就要对所说的内容特别了解，特别熟练，你在说话或表演的时候就不会感到紧张了。”

郭磊讲完，我问大家“郭磊说得好不好?”大家齐声道：“好！”郭磊自己也感到意想不到的成功。

即席发言，我们不可能讲得非常具有科学道理，几近真理。但要讲得让人听起来能认同，受启发。我们看到，通过事例来讲并做总结，既容易，又极有说服力。

(二)获得注意，引发兴趣

学员庞伟抽到的题目是《我的择偶观》。庞伟立刻举例开始说:“我记得在我小的时候，一个冬天，我们去龙潭湖去玩，看到在树林子里面，躺着一个人，已经死了，是个男的。别人告诉我们，他喝了敌敌畏。同时还有一个女的，已经送医院了。怎么回事呢？ 原来这两个人谈恋爱，家里不同意，他们想不开就喝敌敌畏了。结果，女的活了，男的却死了。其实，我做律师看到很多人离婚，我就想，罗密欧和朱丽叶，这两个人那么强的个性，即使真在一起生活，没准生活两年也要离婚了。年轻人都有一种冲动（ 认为对方很完美），其实一个人择偶和自己的经历有紧密的联系，想作出判断是非常难的。希望谈过恋爱也好、没谈过恋爱也好，选择爱人的时候，不要追求完美，你要接受一个人，要接受他的优点，也要接受他的缺点，这个原则，这就是我的择偶观。”

对这样的讲话，你是不是一开始就会被吸引，然后专注地听下去。答案是毫无疑问的。因为真实的事例是听众最爱听的。事例中的情节、事例的趣味性都将听众牢牢地抓住，然后一步步把我们带向结论。所以立刻举例可以立刻获得注意，引发兴趣。

（三）增强信心，渐入佳境

当听众屏气凝神听我们列举富有人情趣味的事例的时候，便会让我们在最关键的时刻——讲话开始的极短时间里，对自己的能力进行重新积极的认定。这一点，你绝不可轻视。再有经验的演讲家，如果一开场说的几句话，让听众没有反应，他可能会杂念四起，觉得今天是不是自己的状态不够好，是不是听众不爱听等等。所以演讲家们说，在演讲开始的最初几分钟里，听众和演讲者有着同等的重要性，听众的鼓励可以帮助演说者发挥能力。那当我们看到自己的讲话已为听众所接纳，听众的眼神已释放出光彩，你便会收到一种来自听众的鼓励的信息，这会像电流一般让你产生积极的心理暗示，让你信心大增，让你的力量感油然而生。这就像运动员调整出最佳状态一样，而这正是我们作即席发言时求之不得的状态！所以，这也是我建议你用事例展开即席讲话的最重要的原因。发言者与听众间建立了和谐的关系，这是成功讲话的关键所在——真正的沟通没有它不可能发生。

四、多做练习

经常练习即席思考与讲话，是帮助我们做好即席发言的一个重要方法。很多年以前，一位名叫道格拉斯·费班克的电影明星在《美国杂志》上写了一篇文章，介绍了他和查理·卓别林、玛丽·皮柯芙一起玩了两年的游戏，根据费班克所写，这个游戏是这样的：

> 我们每人各在一张小纸条上写下一个题目，然后再将纸条折好，放进盒子里摇混。我们请一个人来抽出题目，并立刻站起来就那个题目说上一分钟。我们从不用相同的题目。一天晚上，我必须谈《灯罩》。你觉得容易吗？你试试就知道了。不过好歹我总算过了关。然而重要的是，从我们开始玩这个游戏以来，我们三个人全都机敏了很多。由五花八门的题目我们也增加了不少知识。但比这些更重要的，是我们都学会了如何在短时间内就任何一个题目组织自己的思想，我们学会了如何站着思考。

这个游戏，已被口才训练班广泛采用。在我们的训练课上，同学们经常会遇上稀奇古怪的题目。在一个班上，一位教师发现自己要谈的题目是《成本控制》，而这个题目是一位会计出的，等这位会计发言时，她面对的题目却是《黑社会》，这是一位警察出的题目，而等这位警察上台，要谈的却是《贝克汉姆和维多利亚的婚姻》，这是一位中学生出的题，等到这位中学生要讲的时候，她得到的题目却是《请谈谈你的“婚外恋”》。

要是在第一堂课，面对这样题目发言，学员们一定会觉得比登天还难。但通过几次课的训练，大家都增长了特别的勇气，再运用即席发言的方法，学员们面对难题已不会放弃，虽不是这方面的专家，虽然不能讲得很专业，但他们会开口，会慢慢地说得很上道。这堂课后学员们可能并不太确信自己的表现，但其他同学会亲眼看到本班的同学发挥出了意想不到的水平——而这也正是别的同学对他的看法。用来训练站着思考的另一个方法，是即席讲话的联结技巧，这是关于过渡语的练习。

我们可以听一听交通台的《路况信息》节目，在这档节目中主持人一方面要及时播出路况，另外还要插播广告、路上发来的手机短信息，还会穿插放一些歌曲。主持人是否每次都很正经地提示：现在我们要播出路况消息了，现在我们要播放广告了，现在我们为大家播放歌曲等等。要是这样的话，那就太呆板了。那主持人是怎么做的呢？如果前面放完了一首歌叫《流星雨》，下面要接着要播路况信息，主持人会接上一句：“我们听完了天上的情况，现在该看看路上怎么样了。现在在顺河高架桥上车多，车辆行驶缓慢……”一句话就把两段内容接上了。

有一次，我看北京电视台的晚间新闻。主持人陈诚从上一则新闻《北京第一热电厂老厂房拆除》到下一则新闻《医疗药品集体采购》，她只用了一句话就顺畅地连接上了：“老厂房拆除是为了环保，环境好了，大家就少生病。不过要是真有个头痛脑热什么的，我们老百姓就希望药的价钱能便宜点，而医疗药品集体采购就是想让这药价能便宜。”接下来，她就说起了药品集体采购的新闻了，你能说这个过渡不妙吗？

这种能力对于我们主持会议来说非常重要，如果别人跑了题，你想把对方的话题拉回来，又最好不让对方难堪。你可就要用上过渡的技巧了。练习即席思考的成功经验对于我们来说，一方面能证明自己可以站着思考，另一方面会使我们在做有准备的讲话时，有更充分的信心。因为我们知道，就算在做有准备的讲话时最坏的情况发生，脑子里突然一片空白，那也能凭借即席讲话的能力会侃侃而谈，直到重新返回原来的思路。

当我们不断地练习和尝试即席讲话，我们会发现我们讲得一场比一场轻松，一次比一次精彩。最后我们发现，向一群人发表即席讲话，真的成了在自己家客厅对朋友即兴谈话的放大而已。

复习

一、有即席发言的心理准备
二、用适时适地的原则选择话题
（一）议题
（二）听众
（三）自己
（四）感受
三、立刻举例
（一）事例易说，道理难讲
（二）获得注意，引发兴趣
（三）增强信心，渐入佳境
四、多做练习
经常练习即席思考与讲话，是帮助我们做好即席发言的一个重要方法。

练习

做个出题、抽题、即兴演讲的游戏。

第十二讲　介绍、颁奖及领奖

错了就错了，对了就对了。

——照吾

特殊场合的表达有什么方法？如何表现的优雅一些？

介绍词、颁奖词、领奖词是较特殊的三种讲话形式，只要遵循本章的公式与建议，必能有得体优雅的表现。

一、如何介绍别人

约翰·布朗是一位著名的作家和演说家。他的演说和著作具有一种动人心魄、引人入胜的魅力。可是，有一次他却遭遇了让他陷入窘境的介绍。一次，他被邀请演讲，在台下，他和主持人交谈。主持人对他说："我认为，要说什么就直接说，不要犹豫，事前准备演讲稿我不赞成，那会失去演说的魅力和乐趣。如果我演说的话，我会等站起来再找灵感，我用这种方式从来没有失败过。"主持人说话满怀信心，语气也十分坚定。因此。布朗先生也充满希望地等着主持人将他隆重推出。然而，当主持人介绍布朗先生出场的时候，却冒出了如下的介绍词：

"各位，请注意一下好吗？我要告诉大家一个不幸的消息。本来今晚我们想请马克森来给各位讲演，可是他因病不能来。（鼓掌）接着，我们又邀请了布勒德议员，但议员工作太忙，无法应邀。（鼓掌）于是，我们改请堪萨斯州的伯朗根博士来演说，结果还是没有请到。最后，不得已，我们只好请来约翰·布朗先生给我们演说。（鸦雀无声）

布朗先生一想到这次灾难性的介绍，就说："感谢上帝，这位灵感至上的主持人总算是说对了我的名字。"史蒂芬·李科克的遭遇比起布朗先生可能更加不幸。李科克回忆某次一位主持人对他的介绍："这是本年度冬天一系列讲演中的第一次。上一系列各位都知道，并不成功。事实上，我们是以赤字撑过年底的。所以今年我们改变方针，邀请了演说协会中比较低廉的演说者。现在我介绍李科克先生。"对此，李科克回忆说："想想看，爬出来面对听众，身上标着'廉价人才'，是什么样的感觉？"

当你在众人面前，讲话的目的就是介绍出演讲人，那你的介绍对于将要出场的人来说，有着特殊的意义，若是作为会议的主持，介绍别人更应是看家本领。注意下面三点：

1. 要充分准备，介绍时所需的时间虽然很短，通常不超过一分钟，但还是应当慎重准备。首先要收集事实；发言者的题目；他讲这个题目的资格；发言者的名字。

为了介绍的深入，介绍者最好充分了解发言者的主题。最尴尬的事莫过于发言者不得不对介绍提出纠正，宣称其中某些地方与他所要讲的观点不符。因此，介绍者如果不清楚发言人的主题，在介绍时就不要透露主题的内容，以免产生误解。

发言人的资格是准备的重点。对于发言人的身份要确切地了解，但介绍时，最好不要罗列太多的事实，否则会带来相反的效果。如果介绍一位博士，就不要再提他的学士、硕士学位。同样，你指出他最高或最近的职务，就不要扯出他大学毕业后曾担任过的职务。最重要的是，对方事业中较次要的成就可以略过，但却不能疏忽其最杰出的成就。此外发言人的名字要弄清楚正确发音。

2．三步公式对于大部分的介绍词来说，题——重——人（T—I—S）是个便捷的公式，可以让你发挥创造力。

（1）题——代表题目（Topic）：一开始就介绍发言人的题目，要确定正确无误。

（2）重——代表重要（Importance）：强调题目的重要性，以引起听众的兴趣和注意。

（3）人——代表发言人（Speaker）：列出发言人的资历，尤其与题目有关的。最后明确而清楚地宣布他的名字。

3．热情洋溢

介绍发言人时，态度和讲词同样重要，不必说自己多高兴，只要在介绍时表现出真心的愉快。如能把介绍的高潮放在最后宣布发言人姓名的时候，则不仅能增强听众的期待，也会使听众热烈为发言人鼓掌。听众的友好表示，会鼓舞发言人充分发挥。宣布发言人的姓名时，最好记住“停顿”“有力”。“停顿”的意思是说出名字之前要停顿一下，可以使听众的期待达到顶峰。“有力”的意思是名字要报的强劲有力。

还有一件事值得注意，当宣布发言者的名字时，请千万别向发言者转过身去，而要眼观听众，直到最后一个音说出，再转向发言者。有很多主持人，介绍词说得令人击节，却在最后一刻功亏一篑，因为他转向发言者，只为他一个人宣布他的名字，而忽略了全场的听众。

二、颁奖词

“人类内心最深的渴望，便是希望受到表扬，得到荣誉。”

作家玛格丽·威尔森写下的这句话，其实也道出了全人类的感觉。人人都想得到称赞，哪怕是一个字，就能让人精神百倍，更甭说是在正式场合里接受夸赞了。因此，我们在发表颁奖词时，就是对受奖人重新保证，他真的很了不起，他的某项努力已经成功，他应该得到荣誉，我们之所以聚在一起就是为了给他这份荣誉。这类的讲话应该十分简短，但也应该经过仔细思考。对于经常接受荣誉的人而言，这或许并没有什么大不了，但对那些没这么幸运的人来说，这一刻却可终生难忘。因此，我们赞扬他人的时候，措词要慎重。这里有一套久经时间考验的方法。

1. 理由——说明为何颁奖。也许是赢得比赛，也许是长期服务，或是一项难得的成就，简单说明一下理由。

2. 值得——说明受奖人应该得到这份荣誉，值得领奖。

3. 恭贺——恭贺受奖人，并转达大家对其未来的祝福。

这种时刻，最容易言过其实，夸大其词了。如果获奖人确实应该获奖，我们就据实说，不要添油加醋，加以发挥了。因为过分的表扬会让获奖者不自在，眼睛雪亮的群众也会觉得可笑的。

三、答谢词

答谢词应该更短，虽然不应该用背诵的方式来表达，但事先有准备可以让你表现更得体。只含糊地说些“谢谢大家”“这是最值得纪念的一天”“这是我一生中最美好的日子”等，并不能算好。这样做，也如颁奖词一样，有夸张的嫌疑。用比较中庸的语调来表达自己真实的感受会比较好。下面是推荐的一套公式：

1. 谢——向听众真心诚意地说“谢谢大家”。

2. 归——将功劳归功于曾协助过你的人，你的同事，你的老板，朋友或家人。

3. 用——说明奖品对你的意义。如果奖品是包起来的，可以当众打开，并告诉听众你将如何使用它。

4. 谢——再次以真诚的感谢结束讲话。

复习

一、如何介绍别人

1. 彻底准备

2. 三步公式

题——重——人(题目一重要性一发言人)

3. 要热情洋溢

二、颁奖词

理由——值得——恭贺

三、答谢词

谢、归、用、谢

练习

练习主持词和答谢词

第十三讲　如何安排会场

热情和友善是成功的不二法门。

——照吾

安排一个会议有什么需要注意的地方？基本流程有哪些？

会议的准备，这是成功的起点非常关键，为确保准备充分，你可以设计一个检查单，来提醒自己，如：

与会的人员是否都已通知到？

开会前需要准备的设备是否齐全？如：笔记本、投影仪白板、白板笔、光笔、录音机、板檫等位置是否明确？

场地的容量是否足够？

场地的布置是否合理？

主题是否明确？

主要发言人是否已准备充分？

需要发放的资料是否已准备齐全？

会议资料是否已发放到每个人手里？

会议的变更是否通知了相关的所有人员？

一、会议流程

1. 确定会议的时间、地点、人物、主题、目标、主持人、会议准备人员。

2. 通知与会人员，事先就会议的主题、目标进行沟通，对需要审查的资料事先审查。

3. 预定会议室、投影仪、白板、笔记本电脑。

4. 打印会议资料，发放下去。

5. 接待与会人员，对外地赶来的与会人员安排好接站、住宿、车船票、送站。

6. 事先联调设备，确保会议环境良好。

7. 如果需要，则对会议的主持人进行开会技巧的培训

8. 会议的变更及时通知相关人员（时间 地点等）。

9. 会议要签到。

10. 会议中服务：添水、水果与点心、就餐等。

11. 会议中控制进度。

12. 记录会议决议。

13. 跟踪会议决议的执行。

14. 总结会议的得失，改进会议的流程。

二、会议通知和会议日程

会议通知必须写明召集人的姓名或组织、单位名称，会议的时间、地点、会议主题以及会议参加者、会务费、应带的材料、联系方式等内容。通知后面要注意附回执，这样可以确定受邀请的人是否参加会议，准备参加会议的是否有其他要求等。对于外地的会议参加者还要附上到达会议地点和

住宿宾馆的路线图。这个路线图避免了外地人问路的许多麻烦。

会议日程是会议活动在会期以内每一天的具体安排，它是人们了解会议情况的重要依据。它的形式既可以是文字的也可以是表格的。它可以随会议通知一起发放。

三、选择会场

选择会场，要根据参加会议的人数和会议的内容来综合考虑。会场太大，人数太少，空下的座位太多，松松散散，给与会者一种不景气的感觉；会场太小，人数过多，挤在一起，像乡下人赶集，不仅显得小气，而且也根本无法把会开好。所以，英国的首相丘吉尔曾说："绝对不用太大的房间，而只要一个大小正好的房间。"

四、避免有人活动

一次，加拿大首相在安大略省兰登市演讲。在他演讲时，一名工友拿着根长木棍从这个窗户走到另一个窗户调整窗子打开的角度。结果，听众几乎一致地暂时忘了台上的演讲者，专心地看着那位工友，好像他在做魔术表演似的。

你可能会有类似的体验，不论听众或是观众，都无法抵抗，或是说不愿抗拒外在的诱惑。

第一，避免会场内有人在活动，提前把窗子开好，水倒好，对听众座位作适当安排，使他们看不到迟到的听众进来。

第二，不要安排贵宾坐在讲台上，贵宾们只要变换一下二郎腿，或稍微动一下，都极有可能把听众的目光从讲话者的身上转移开来。

第三，不要做小动作，有一次，纽约的一群听众注意一名演说家的手指达半小时之久，因为他一面演说一面玩弄讲台上的桌布。因此，不可玩弄手指、衣服或者做出其他分散人们注意力的动作。

五、讲台清爽

看看陈列珠宝、汽车、手机的展示厅都会布置得整洁、干净、赏心悦目。为什么？因为这是高级产品，当看到这些产品出现于这样的环境，会使顾客对陈列的商品格外珍视。同样的道理，当众讲话者也应该出现在简洁与高雅的背景前。理想的讲台布置应是完全没有家具的，什么都没有。但一般做不到，总会有好心人为你备些水、桌子等。其实，在讲台的前后不应该出现任何足以吸引听众注意力的东西，两边也不能有。就是说，除了一幅深蓝色的天鹅绒之外，什么东西也不要。

毕丘牧师说："演讲台上最重要的还是演讲者。"所以，应该让讲话者站在清清爽爽的讲台上，把一切没用的东西全部清除掉。

总结

安排会场是比较细致的工作，最好列好清单。

练习

在组织或者参加会议时观察会场安排。

第十四讲　魔术公式运用

用魔术公式让演讲产生魔术般的效果。

——照吾

你会在演讲之前考虑一下怎么呈现自己的观点吗？你是不是很急于表达自己的观点？

学员杨逸用这样的方式这样来劝说大家喝酒要量力而行：

1999年9月的一天，我请几个朋友喝酒，席间我的朋友小李帮我招待大家，向别人频频劝酒。结果，一个多小时的时间，他自己喝了一瓶半白酒。中间，他说要去卫生间，我看他喝得多就陪着他去，我们的房间在三楼，卫生间在二楼，当我们下了楼走到卫生间的门口，他站都站不住了，坐在地上。我去搀他，发现他的背心全湿了，身上湿滑，230 斤的体重，我根本搀不起他。我说“小李，醒醒，醒醒。”等了十几分钟，我才扶着他起来。我们往回走，走到楼梯口，小李顺势往一楼走。走了没两步，他自己意识到走错了，想返身往上走。但一拧身的功夫，他脚下没站稳，一下子从楼梯上摔了下去，直摔在一楼半的楼梯转弯处，由于他的身体重，头“咚”地撞在墙上，当时就昏了过去，我们急忙把他送到医院，医生一检查是脑疝，已经没有救了。

第二天，小李死亡，这年他只有 42 岁。由于超量喝酒发生意外，小李出了不该出的事。所以劝大家喝酒一定先为自己定好量，绝对不能超量饮酒。不然意外就可能会出现在你的身上。

听了这个发言，教室里一片唏嘘之声，大家对小李因饮酒过量而发生的严重后果深感遗憾，对演讲者的劝告频频点头。

为什么这么短的一篇讲话就能产生如此的效果，让听众会立刻被说服而自觉地接受了讲话者的劝告，并对他们日后的行为也带来影响呢？其实这个发言采用了一种叫“魔术公式”的结构来组织了讲话，用此方法讲话者能很容易达到劝服听众的目的。“魔术公式”是由这样的三步构成的：

1. 事例——一开始就用丰富的细节展开一个实例，让这件事，生动地传达出你希望听众了解的观点；

2. 号召——明确具体地说出结论，也就是希望听众采取的行动；

3. 好处——强调一个理由或者好处，就是听众为什么要这么做或是这么做利益何在。

“魔术公式”本身并不复杂，就是这么三步，但在我们进行的当众讲话训练实践中，却发现“魔术公式”确实有魔术般的效果，真的可以在简短的时间内说服人、感染人、影响人，就像前面杨逸生的发言会产生立竿见影的功效一样。

你对这套“魔术公式”感觉陌生吗？其实在你了解它之前，你已经与它接触不少。因为在广告界，魔术公式的方法已被广泛地采用。

我们看这样一则电视广告：

一个实验正在进行，一个像贝壳的石膏状物体从酸性液体中被取出来，牙医用小镜子一敲，贝壳左边碎了，而右边却完好无损，什么原因呢？原来是右边预先涂了高露洁牙膏了，所以高露洁牙膏可以防止酸性物质破坏牙齿。接下来的画面，一群小朋友举着牙膏在跳跃：“我们都用高露洁了。”

画外音：“用高露洁的好处是——”小朋友们高喊“没有蛀牙。”

这是我们非常熟悉的一则高露洁牙膏的电视广告，我们看它的结构是不是符合“魔术公式”呢？

它的第一步是事例——展开一个实验的过程，表达了高露洁牙膏有防酸护牙的特点；

第二步是号召——“我们都用高露洁了。”号召你也用高露洁牙膏；

第三步是好处——“没有蛀牙”。

你看，这正是非常完整的“魔术公式”。你可以在电视广告中看到非常多的应用魔术公式的情况。

一、列举事例，传达观点

1. 选择给自己带来深刻经验或教训的事件

一件曾让你永生难忘并带给你深刻教训的事件，是运用“魔术公式”的基础。这件事的发生也许不超过几秒钟，但在那刹那间，你已学到了重要的一课。比如你目睹一个被大火吞噬而无法救出的人死死地抓着窗棂；比如在逛庙会的时候孩子被挤得找不着了；比如看见了一个女孩被故障电梯卡住，半截身子在下层电梯口晃荡等等。这样的事件总会对你日后的行为带来影响，可能让你注意消防通道是否被封死，可能让你在人多的地方会牢牢抓住孩子的小手，可能让你不会去上人满的电梯，并且上了电梯脸要冲外等等。我们的行为多半会受到生命中这些经验教训的引导，就像我们怕蛇，怕蝎子，不敢摸电线，不敢爬高等等。那么，如果我们能将这些事件很好地再现并传达给听众，听众会不会受影响呢？当然，他们会有这样的联想“既然你会遇到，那我也可能遇到，我不希望有这样的后果发生，那最好还是听你的建议，去做你要我做的事吧。”这样一来，从道理上，你便打下了说服的基础。

再者，之所以要采用事件式的例子，还因为单一的事件会对人的感情造成强烈的冲击，而一个人被影响、被说服，感情的成分比理智的成分要大得多，感情上的因素总是会对说服有特别大的帮助。

在二战后，有位法官审判一名参与轰炸平民的日本飞行员。法官问：“你往人群中投炸弹，炸死那么多人，你没有犯罪感吗?”飞行员说：“我没有，因为从天上往下看，人小得像蚂蚁一样，我没有杀人的感觉。”杀了那么多人，却没有犯罪感！可是，我们设想，如果这位飞行员不是从飞机上看到爆炸的场面，而是身临现场看到一个个有血有肉的人变成碎片，那他还会没有犯罪的感觉吗？这就是越具体，越可感。

所以，导演在电影上要反映战争的惨烈，并不是用宏大的场面来表现，而是用子弹穿过胸膛、胳膊在爆炸中乱飞等等细节来展现的。那么如果你要想号召听众重视绿化，防止土地沙漠化，你用宏观的诸如北京沙漠化程度严重，郊区已有百分之二十产生沙漠化的实情来举例，恐怕听众感情上就不会有很强烈的反应，但你如果列举出一位老农刚长出来的麦苗被风沙淹没，土地没法再耕种，生活成了问题这样的事件，你就会从感情上打动听众，号召起来就容易得多了。

因此，事件式的例子既有以理服人，又有以情动人的双重效果。所以，我们在魔术公式的第一步，就需要选择一桩事件，像表现一组特写镜头一样，从道理和感情上给听众带来双重的影响，从而奠定说服的基石。

2. 一开口便说出事例中一个细节

我们一再强调，很多人当众讲话之所以不能一开始就吸引听众，是因为开场总是一些陈词滥调或是啰唆无趣的言语，像“我这周特别忙，没有准备好”或是“我想来想去，还是说这个事情吧”之类的话，这不是听众感兴趣的。最能吸引听众注意的，莫过于故事中的细节，像“昨天晚上 10 点 30 分，在京顺路上，一辆小公共汽车飞速地撞向路中间的隔离墩”“1996年冬天的一天，我刚走出公司大门，两个女孩拦住了我……”“去年 7 月 23 日，我看着老吴大口地喘着粗气，我激动地不知说什么好……”这样的句子，都会有磁石般的效果。

善于写报纸杂志文章的作者有一句忠告：从你故事的中间开始，便能立刻抓住听众的注意力。美国医生帕梅拉·格里姆的文章《与埃博拉擦肩而过——一个美国医生在非洲的经历》是这样开始的：

> 她浑身都在出血。尿液里有血、粪便里有血、痰里有血、呕吐物里也有血。我们医生围在她床边时，血不断从她的鼻子里流出来。
>
> 受医疗救援组织“世界展望”的指派，我来到乌干

达北部小城古卢的拉科尔圣玛丽医院工作一个夏天。在那里，一切都与美国不同，我不知道这个妇女得了什么病……

3. 再现场景，并重现你的感觉

7 月 31 日晚，我参加完一个活动后，坐朋友的摩托车回家，我侧着身子坐在后面，包就放在腿上。正当我和朋友聊着晚上的活动时，从后面上来一辆摩托车，骑车人“嗖”的一下把我的包抢了过去，还冲我笑笑。我想，他为什么拿我包啊？当我反应过来，我大叫：“抢劫啊。”我的朋友也叫了起来：“打劫。”我说：“你的手机还在我的包里呀。”他说：“对呀！”于是我们开着摩托车飞快地追了上去。路上有一辆摩托车，还有一辆桑塔纳出租车听到我喊抢劫，他们也帮我一起追，可是越追，我们离抢包的摩托车越远，我感觉追车的人是罪犯一伙的。我说：“你们快点啊！”可是不可能了……当我觉得追上已无希望的时候，我想我的钱包、我的手机、我的身份证、还有我的存折都在里面呀……

在这篇短讲中，许小姐充分地重现了她被抢劫时的感觉——从疑惑、惊恐到愤怒，还有追赶时的急迫，失望时的焦急怨愤以及丢包的痛心等等。她用动作、语气、表情、对话等各种方式淋漓尽致地表现了出来，而且，我相信她并不是刻意去做的，这些表现也都是她在当时的现场所流露出来的，她只是重现了当时的感觉而已。她仿佛又回到了那一刻，激动、愤怒，又把自己变成了一团熊熊的火焰，而我们此时也感受到了火焰的热度，也和她一起吃惊、愤怒、焦急、痛心，她用重现的感觉深深地感染了我们，转化成了我们身体的一部分，她的感觉重现在这篇讲话中创造了非凡的价值。

感觉，其实都是来源于我们的切身体验，你无需再造，也无需遣词酌句，只需要我们在讲话时能完全地投入，尽情地重现即可，这样它一定能为你叙述事件添彩增色。

二、说出结论，让听众做什么

在这一阶段，我们需要直截了当地说出对听众的建议，也就是我们的号召，这是我们整篇讲话的重点所在。这有点像报纸上的标题，不同的只是报纸先报标题，后说故事，而魔术公式是先讲故事，再报标题。在这一阶段，我们有两个方面需要注意：

1. 简短有力

号召是我们的结论和重点，一定要给听众撞钟般的回响。因为简短的语言总是更有力量。所以，我们号召的字数要尽量减少，我们看墙上的标语口号，都是特别简洁明了，没有一个写成文章的。所以，能像拍电报似地说出你的号召，倒是个好主意。

另外，标题的字体也总是比文章的字体大很多，你看报纸上，标题的字体比内容的字体要大上十倍。也就是说，我们的结论就是我们的标题，那我们在说出结论的时候，需要加强语气和力量来予以强调。我们要信心十足，语气要坚定有力，要让听众感觉到你请求的诚意，不能有不确定或犹豫的口气。天气预报，本身做不到非常准确，但没有哪个预报员会用“明天大概会有小雨，不过也可能没有吧”这样的语气，他总会坚定有力地播报“明天北部山区有小雨”，然后再坚定地说出降水概率是 70%。不然的话，你才不会相信他的话。

所以号召首先要做到简短清晰，坚定有力。

2. 号召要具体

这样的号召会比较容易：“请注意交通安全！”“请一定要小心井盖！”“公共场所要警惕小偷！”“请讲究卫生！”等。但这种号召绝对没有效力，因为它太笼统。人们不知道该如何注意、如何小心、如何警惕、如何讲究。人大都只会去做他清楚了解的事情，而这样的号召并不能让听众明确地了解应该怎么做。所以我们必须让号召具体化，如“注意交通安全”就可以根据你所讲的事件就事论事地说成：“行人一定要走人行横道！”或“手不要伸出车窗外！”或“开车时请一定系好安全带！”；“讲究卫生”可以具体为“饭前要洗手”或“一定要保持2小时的开窗通风”或“不可随地吐痰”。这样听众就会确切地知道你要他做的事情，他也能采取切实的行动了。

同样，用心灵的活动来号召也是不可取的，如“多想想你的父母吧”“要爱你的祖国！”等。这样的句子要具体成“周末，就去看望你的父母吧！”“请参加社区每天的升旗仪式吧！”

给予听众明确的行动指示，比笼统概括的语言更能激发听众的行动。

三、强调理由或好处

魔术公式的第三步是要强调理由和好处，但这一阶段通常为大家所忽视，很多人在号召之后根本没有意识到再加上对听众的利益说明。为什么在号召之后要强调听众采取行动的理由或是行动能给听众带来的好处呢？美国前总统尼克松说过的一句话对这个问题是最好的解释，他说：“人们被道理说服，但被感情驱使，所以你必须既说服他们，又推动他们。”在魔术公式的第一步，我们说服了听众。让听众相信了我们的观点，在第二步，我们又提出了明确的号召，让听众知道应该如何做。但是要想真的让听众照我们的话付诸行动，你还需要进一步激发他们行动的欲望。也就是得给他们足够的动力以“推动他们”，而说出理由和好处正可以完成这样的使命。

以上就是运用“魔术公式”的诀窍所在。总之，魔术公式在“号召行动”的简短讲话中，是一个充满戏剧性、生动有趣而又极具说服力的方法。如果你得到了这么好的一个方法而不去应用，那可是你的错。

总结

魔术公式的结构：

1. 事例——开始就用丰富的细节展开一个实例，让这件事生动地传达出你希望听众了解的观点；

2. 号召——明确具体地说出结论，也就是希望听众采取的行动；

3. 好处——强调一个理由或者好处。就是听众为什么要这么做或是这么做利益何在。

练习

用魔术公式来讲一次教训。

第十五讲　常用的演讲模板

像成功者一样思维，站在巨人的肩膀上。

——照吾

演讲也和武术一样有常用的“套路”么?

在某些场合下，我们可以借助固定的模板来组织自己的演讲稿，以下模板会让你事半功倍。

一、“三点论”

“三点论”是演讲界的万能模板之一，俗称“黄金三点论”。

学会“三点论”不仅有利于缓解在讲台上的紧张，有效避免忘词的情况，还能让演讲具备一定深度。

“三点”特别有吸引力，就如图三角形特别牢固一样。所以，“三点论”的演讲魅力在于特别容易给听众、观众留下深刻的印象。

所谓的“三点论”，就是演讲的时候只讲三点，常用的连接词有：第一、第二、第三；一、二、三；首先、其次、最后……

事实上，如果我们只讲一两点，这样会显得内容有点单薄，水平不太够；讲四点以上呢，听众会觉得有点多，记不住重点。所以，实践证明，只讲三点效果最好，不要贪多。

1. “三点论”有什么用

（1）它是一种结构工具，帮助演讲者牢记演讲内容的框架；显得条理清晰，让观众了解演讲者的意图；逻辑性强，逐步深入听众的思维。

（2）“三点论”可以应用到大量的日常场景中。比如说：分析一个人成功的原因常常用到三点：天时、地利、人和；论述人的感情从三种情展开：亲情、友情、爱情；小孩子的成长受到三种教育的影响：家庭、学校、社会；大学生三点一线的生活：宿舍、教室、食堂；人的时间段分为：过去、现在、未来；昨天、今天、明天；事情始末分为：开始、中间、结尾。

（3）“三点论”适合很多正式的情境：会议发言、写文章、谈判沟通等。

（4）“三点论”的话术：我们分三个步骤走；我就三个方面展开讲；我讲三点；我有三个心得。

运用“三点论”，可以让我们边讲边想，有助于组织语言，避免思维混乱。很多演讲者讲话都是用“三点论”。

2. 练习

（1）练习自我介绍，我有三个特点：

第一个特点是……

第二个特点是……

第三个特点是……

（2）参加演讲活动或者其他活动有所收获，发表感想，我有三个感想和大家分享：

第一，……

第二，……

第三，……

（3）给大家讲三个小故事：每个小故事能折射出一个人生哲理。

……

二、“四重奏”

四重奏的演讲模板是心理学应用的经典演讲模板。四重奏演讲模板得名于弦乐四重奏，而弦乐四重奏由第一小提琴、第二小提琴、中提琴、大提琴组成，是古典主义时期最重要的室内乐形式，也是室内乐中最理想、最融洽、最经典的组合，虽然在这种组合中找不到交响乐般恢宏的气势，看不到歌剧中宏大的场面，但这种体裁的音乐以精致抒情为本，能营造出人与人亲切交谈式的音乐氛围。

弦乐四重奏也预示着四重奏演讲模板是由四种不同的模块奏响，是演讲中最理想、最融洽、最完整、最经典的组合，在这样的组合中不仅能找到合奏的大气势，也能营造出人与人之间亲切和谐交流的沟通氛围。

1. 四重奏演讲模块，就是演讲的时候，要讲四个部分

（1）第一奏：Why（为什么）

为什么要讲这个主题；

这个主题相关的痛苦和快乐有哪些；

这个主题为什么那么重要……

（2）第二奏：What（什么）

这个主题讲什么；

有哪些相关知识要点；

有哪些专业研究；

有哪些历史背景；

有哪些实验数据；

有哪些官方说明……

（3）第三奏：How（怎么做）

这个主题有哪些工具和方法；

现场教、现场学、现场练、现场出效果；

有哪些窍门……

（4）第四奏：If（如果……会如何）

如果把这个主题研究透彻，学会了，持续用下去，会有什么好处；

如果相关问题不处理会有什么后果；

未来还可以如何继续联系和提升……

四个部分一同奏响。如果只讲一两点，演讲的内容就不够完善，就没有形成一股更强大的合力影响和推动听众。实践证明，四个部分整合在一起，威力无穷！

2. “四重奏”有什么用

（1）它是一种结构工具，帮助演讲者轻松记忆演讲内容的框架；显得条理清晰，让听众了解演讲者的意图；全面系统，逐步深入影响和打开听众的思维。

（2）“四重奏”可以应用到大量的说服、影响、推动、号召、销售的场景中。

（3）“四重奏”适合很多正式的情境：会议发言、写文章、谈判沟通、广告、销售等。

3. 练习

运用四重奏模板，设计三个主题演讲稿：

（1）如何提升公众演讲能力；

（2）亲密关系；

（3）阳光心态。

三、“讲故事”

没人爱听大道理，最好讲个小故事。这无关人的智商与地位，《故事会》和《知音》有各自的受众群体，机场里的财经类杂志同样也靠商业故事让白领达人们沉醉。

人们喜欢听故事，所以智慧的演讲人就把所要传播的观点、信念、价值观、品牌、理念结合到故事中，一并传播给观众，观众在自愿地接收故事的同时，也接收了传播者的观点、信念、价值观、品牌、理念等，讲故事具有潜移默化的神奇影响力。

故事的种类有很多，有成功人士、英雄人物的励志故事，有历史人物的故事，有动物的故事，有饱含智慧的禅机故事，有具有神秘色彩的宗教故事，有神话故事，有经典故事等，一句话总结——小故事、大智慧。

1. 通常，讲故事可以有以下方式

（1）纯粹讲故事，其中奥妙让观众自己体会，通常这样的故事演讲者对观众的体会方向心中已经有了底；

（2）讲故事，故事中已经融入演讲者要表达的道理、理念、观点、产品、品牌、价值观等；

（3）讲故事加总结，总结直接表达演讲者的观点、价值观和信念等；

（4）讲故事加号召加理由，故事作为号召的一个推动力，为演讲者的号召服务；

（5）讲故事开场，引出演讲主题；

（6）讲故事收尾，总结演讲主题；

2. 什么样的故事是好故事

从传播学的角度看，鲜明的主题、个性化的人物、丰富且有冲突的情节、感同身受的细节缺一不可，而加入这些要素的目的就是要有代入感，让观众、听众产生共鸣。

宝洁公司前营销主管吉姆。斯登格说，最好的公司会讲述两种类型的故事建立强大而持久的品牌。一种是创世纪故事，重点是公司的创业传奇；一种是顾客影响型故事，讲的是公司的产品、服务给人们的生活带来的积极影响和改变。

（1）鲜明而又正能量的主题——励志与梦想；

（2）个性化的人物；

（3）新颖而可视的传播形式；

（4）故事的核心、矛盾点与冲突。

以上四点是一个好故事所必须具备的。与此同时，一个好故事，还需要：

（5）让人相信；

（6）有正能量；

（7）让人感动。白雪公主和七个小矮人的故事为什么能长久流传？因为它遵循了人们对真善美的向往，所以能够跨越时空成为人间美好的永恒。因此，品牌故事必须演绎真情，演绎对人间真善美的追求。

一般来说，讲故事是一份智慧的工作，需要不断渗透铺垫，激发观众的心智，既是脑力活，也是体力活。如果你想四两拨千斤，在对生活和八卦的解读中延展出有特色的故事，激活带动你的观众，挖掘的便是观众的心智资源。

总之有好故事，就有好演讲。

总结

演讲也是有模板的，模板启发思路，让演讲有条理。

一、“三点论”

二、“四重奏”

三、“讲故事”

练习

用三点论和四重奏来设计同样一个主题的演讲，看看哪个更好一些？

附录：一、作者部分有关沟通情商的文章

杰克·韦尔奇没有自信吗

有一次，杨澜采访通用公司前CEO杰克·韦尔奇，杰克·韦尔奇说刚当上CEO时公司一团糟，可能是因为他还缺乏足够的自信。杨澜就很不解地问："你当时没有自信吗？"韦尔奇说："我没有足够的自信，那时我的自信远不如今天。"

你觉得自己足够自信吗，请先自己想一想。

杰克·韦尔奇是个非常重视自信的人，他觉得做领导人一个非常重要的工作就是帮助下属更自信。你会发现工作中很多有意思的现象都和自信有关系。准备求职的大学生不敢敲开应聘公司的大门；工作后的员工见了领导绕开走；做了主管就板着脸一副不可一世的样子；当了老板却非常担心外界的变化让自己职位不保或有人取代自己。

进一步讲，自信其实是我们做人做事的基础，是我们对待自己的态度，这个态度会影响到工作生活的各个方面，比如有很好的建议但是不敢给领导提出来，有很好的思路却不敢去实施，担心冒风险。我见过太多太多很优秀的人自信心都不够，他们有很强的专业能力，也很有思想，但是他们工作生活都非常保守，不愿意冒一点风险，自己的才华因此也发挥不出来。看看你周围的人，不少都是才华横溢但是无所作为的人。

没有自信的人不接受自己，觉得自己没有别人好，拿自己的弱点跟别人的优点比，感觉事事不顺心，当然就没有了工作的热情和动力。他们看到的多是生活中的不如意，放大困难和障碍，放大压力，当机会来临的时候又往往说，我做不到，我没做过，这样子就和机会擦肩而过，回头又慨叹命运不公。

大学生没有自信求职时的表现就会畏缩，不大方，降低应聘成功的几率；工作中员工没自信，就会相互猜忌，担心别人，感觉人际关系很复杂，不敢去面对问题客户，推脱责任；做主管的没有自信就会犹豫不决，让下属无所适从；做老板的没有自信就会感觉不安全，抗拒变化，听不进不同声音，对下属打压、怀疑，工作效率低下。

没有自信就很难有高质量的生活，压力大，心情不轻松，身心疲惫，每天忙于应付，哪能感受到工作和生活的快乐。

自信也是人的性格特点，我们想想，我们都是愿意和自信的人交往，自信的人遇事果断，表现大方，为人父母也要注意对孩子这方面个性的培养，这比给他一套房子更有价值。

总的来说，自信不够会让事情变得复杂，变得一团糟，本来很简单的事，本来很顺利的事情，都因为不自信的人设置障碍，搞得乱作一团，应了那句谚语“世上本无事，庸人自扰之”。

因为自信是一种态度，所以端正态度就可以提高自信，就像杰克·韦尔奇说："过去的自信远不如今天。"自信是可以大大提升的，而且越是没有自信的人，提升的潜力就越大。而且，只要你愿意提升，提升自信的速度还是很快的。

你觉得自己自信吗？如果你的答案是还可以、一般，那就说明你自信心还不够强，你需要不断加强，直到有一天有人问你这个问题时，你可以轻松回答，我的自信心足够强。

（此文刊登于《济南时报》，2009年7月31日文学副刊）

不要以恨的形式表达爱

有个朋友说他下班后不愿意马上回家，因为不愿听妻子的抱怨和唠叨。

夫妻之间会相互指责抱怨，家长会责骂孩子，领导会批评下属，不是不爱，而是暂时“以恨的形式表达爱”。

当然，陌生人之间，与我们素不相识的人不会责骂我们，所以，抱怨、指责通常都发生在熟悉的人之间，多是对对方的不满意，或者对对方的要求，甚至可以说是另一种爱的表达。

但是这种爱的表现是一种消极的方式，让人感受不到爱，一方的消极情绪往往会激发另一方的消极情绪，于是会争辩、争吵，而争辩争吵的时候，两个人就变成了一种较量，而不是在解决问题，而是争个高低，分个输赢，结果搞得双方都不开心，都很没面子，甚至怀恨在心、反目成仇。

争辩，相互指责，抱怨，结果往往是两败俱伤，所以你看那些星级酒店，即使顾客说的话没有道理，服务员往往也能保持平静，好好解释，这是他们的工作规定，或者说是训练有素。如果我们也能意识到自己抱怨争辩的结果是两败俱伤，也许我们可以用更冷静的方式处理问题。

其实多数情况下不发火也能把问题处理好，或者说不发火会把问题处理得更好。不发火不是说你生气了不让自己发出来，而是说，通过你的调整，你会发现，自己在面对争端的时候你可以保持平静，保持平和的心态，甚至做到临危不惧。

你可能觉得这很难办到，那说明你的情绪控制有问题，你控制不了自己的情绪，碰到让自己不开心的事情就发火，批评别人，你自己气得咬牙切齿，别人往往也满腹委屈，心生怨言。最重要的是，你发火，心里不满，情绪不好，你自己先受到了伤害，然后再去伤害别人，这种两败俱伤通常都打着爱的幌子，或者打着责任的幌子，当然，没有爱，没有责任，往往也没有争吵，或者还是用恨的形式表达的爱。

情绪控制能力不管是在职场中或者在生活中都是很重要的一种能力，解决顾客争议，处理争端，加强合作，这种能力强能够化干戈为玉帛，能力不够会挑起争端，惹起争议，把简单的问题越搞越复杂。

夫妻之间吵架，以致离婚，往往也是恨的形式逐渐侵蚀了彼此的爱，爱就变成了恨。

只要是以恨的形式表现，不管是爱还是恨，都很容易引起抗拒，会激发对方的“恨”，当然也许过后对方会谅解，但是没有人会喜欢这种形式的爱。

以恨的形式表现爱，是爱的陷阱，是爱的栅栏，是沟通的误区，我们想当然地认为我们的责骂会起作用，可以解决问题，我们不知道我们的负面情绪会激发对方的负面情绪，让事情变得更糟。有多少家长天天教训孩子，孩子还是仍然不争气，有多少老板天天批评员工，员工还是没有变好，都是因为用恨的形式表现爱。

不管是积极的情绪还是消极的情绪，都是相互感染的，所以爱就要以爱的形式来表现，少一点责备，少一点抱怨，少一点批评，用轻松的方式跟人沟通，发现别人身上的优点，你会发现这个世界会变得不一样。

（此文刊登于《济南时报》，2009年8月7日文学副刊）

有一件事你是必须做的

中央电视台曾播出一期节目《巴菲特和盖茨重返校园》，其中有一个大学生问巴菲特“大学毕业后怎么样快速获得高管职位？”巴菲特说：“你能脱颖而出，不是因为你的智商有多高，而是你的言行举止和为人处世之道等，这些对你的影响将会超出你的预料，有一件事你是必须做的，不管你喜欢与否，那就是轻松自如的当众演讲，这是一种财富，将伴随你五十到六十年之久，如果你不喜欢这样做，那就是你的不利条件，同样会伴随你五六十年，这是一项必备技能。”

巴菲特年轻时曾经也是个腼腆内向的青年，演讲时手心出汗，语无伦次，后来经过训练开始喜欢在公众场合演讲，我们现在看巴菲特幽默，富有艺术的语言，很难想象到他年轻时也是内向不善言辞的人。

在职场上，汇报工作，介绍产品，竞职竞聘，主持会议，客户谈判，酒宴祝词是经常的事，但是这些场合都需要你在当众场合的表达沟通能力，但很多主管经理这方面能力较差，就直接制约了自己的发展。有些人在私下里很能说很会说，但是一到公众场合就心跳加速，吞吞吐吐，语无伦次，影响了自己的表现，这方面不足成为自己晋升的瓶颈。

2008年春节联欢晚会赵本山的小品《火炬手》中有一

段表演，赵本山当选火炬手发表获奖感言，全身哆嗦，连说“好，好，鼓掌”，生动再现了很多人在公众场合下的尴尬表现，对很多人来说，与其说上台发言是抛头露面展现自己的机会，还不如说是进退两难备受煎熬的处罚。

有很多人很注重业务能力的提升，工作水平也很高，但是不喜欢也不善于表现自己，或者根本没认识到自己职场失意的源头在于自己不善于表达，也有人以为自己从小就这样，似乎本性难移，不容易发生改变，而事实上，沟通是可以练出来的技能，技能和知识的学习是不一样的，知识的积累需要看书，分析思考，而技能的掌握在于训练，沟通技能的培养就像学习开车学习游泳一样需要不断练习，没有哪一个人学游泳是听了专家的课下水就会游的，必须亲自练习才行，沟通技能只要是有意识地进行训练，改变起来并不难，至少不像你想象的那么难。

世界著名高等学府哥伦比亚大学曾经有个调查，调查什么能力才是永远不会过时的能力，调查结果出来了，发现这种能力既不是外语能力，也不是计算机，而是与人沟通的能力，这种能力看起来简单，好像人人都具备，实际上是一辈子需要修炼的能力。在大众面前敢说，会说，说的精彩，富有艺术，我觉得这可以作为一个专业来研究了，但是我们平常对写研究得多，对于说研究得少，所以有的人能写很好的文章，未必能讲出来，讲的得体。

经常看到很有实力很有能力的人却不能潇洒的公众讲话，就像一个漂亮的女孩穿了件破旧的衣服不敢出门展示自己的魅力，这实在是一件很遗憾的事。因为这一点影响了自己的形象和发展实在不划算，那就请你开始注意这一点，掌握这个必备技能，好好秀出优秀的自己吧。

（此文刊登于《济南时报》，2009年8月14日文学副刊）

MBA的短板

今年上半年，山东大学多次邀请我给MBA学员上沟通类的课程，每次上课都受到MBA学员的热烈欢迎，据山东大学吴老师介绍，每次上沟通课程，学员出勤率都非常高，参与热情高涨，并纷纷要求增加课时数量。

为什么MBA学员都这么喜欢沟通类课程呢？据我了解，MBA学员一般是经理人阶层，企事业单位管理者，有了相当多的工作经验，随着工作时间越长，层次越高，越来越认识到沟通的重要性，这个时候已经不再需要太多的专业知识，最重要的是沟通、协调、组织、处理问题。这种情况下，如何发表自己的看法、主持工作会议、汇报工作、布置工作、总结述职、接待应酬、人际关系处理等成了工作中很重要的内容，但是这些很重要的能力之前恰恰没有专门学习过，所以迫切需要借助专门机够和专业老师的指导。

我们工作以后才逐渐发现，沟通能力很重要，人际关系能力很重要，控制自己情绪的能力，对人热情等等都很重要，但是遗憾的是这些工作中至关重要的能力我们在学校里面都没有相关课程，考试也从来不考。所以不见得本科生就比专科生善于沟通，或者说不见得研究生比本科生更善于处理人际关系，很多成功人士没有高学历就可以很容易理解。

我们总觉得自己是干会计的，搞计算机的，搞技术的，干工程的等等，其实不管我们做什么工作，沟通都是基础，但是我们往往忽略沟通的重要性，认为最重要的还是做事情，努力工作。但是随着年龄的增长，职位的晋升，我们扮演的社会角色越来越多，同事、经理、下属、父母、子女。我们也越来越需要改变自己的行为方式，改变对待同事的方式、对待子女的方式、对待朋友的方式，如果不能适应改变，就会出现问题，而这些改变中，沟通的提升和改变最重要，管理大师彼得·杜拉克说过：“工作中60%的问题是由于沟通不畅造成的”，沟通是现代生活所必需的，是提升工作效率生活质量的必备能力，是比时装更有效更能给人好印象的方法，这种学习也是必不可少的。

而管理阶层因为平时工作太忙，恰恰容易忽视了沟通，和下属的沟通，特别是和家人的沟通，这也是很多做老板的很头痛的事情，自己对员工也很好，对家人也很好，自己也很尽心尽力，但他们对自己还是有意见，这些问题多数还是沟通不畅，或者沟通质量有问题，造成误会、误解，执行力不强，其实在时间有限的情况下，提升沟通质量尤为重要。

当然沟通有很多具体的技巧，比如要学会聆听，比如要微笑着看对方，这些技巧是一些习惯，是一个人待人接物的习惯，往往自己意识不到，所以有时候事情搞砸了，自己还不知道是怎么回事，而层次越高，场合越重要，这些看起来是细节的习惯越容易影响事情的成败，难怪MBA开始注重沟通的课程，其实那一定是工作中一次次血的教训让他们认识到沟通比任何一项专门的知识都更重要。

当然，既然沟通是习惯，习惯就可以通过有意识的训练来养成，这里面没有什么深奥的道理，只是需要练习，不断调整，而且改变起来还比较容易，你不妨试试看，说不定很快给别人“士别三日，当刮目相看”的感觉。

（此文刊登于《济南时报》，2009年8月21日文学副刊）

老板定律

中央电视台《财富故事会》栏目播出雷士照明总裁吴长江的创业故事，其中吴长江谈到他悟出三点“老板定律”：第一，能吃苦；第二，胆子都比较大，敢冒险；第三，商业意识。在节目的最后，吴长江又补充了两点：负责任，有激情。

既然是老板定律，可见创业或者做老板还是有些共同特点。按照吴长江的说法，第一是能吃苦，这是前提，懒惰的人不光不适合创业，做个好员工都会很困难，吃的苦中苦，那是必须的。当然，仅仅能吃苦是不够的，这只是一种基本条件，不需多说。

我觉得最重要的是第二点：胆子大，敢冒险，这是通俗的说法，其实胆子大，敢冒险表明了一个性格特质：自信。没有自信，就胆小怕事，怕失败，哪里还敢创业，所以创业的人得有勇气，敢想敢干，吴长江有多次辞职的经历，从国企辞职，从主管辞职，只身一人闯深圳等等。这些看起来不同的决定都是以自信为基础的，他相信自己离开现在的工作会做得更好，自信是一种成功者的素质，而且是最重要的素质。而且这种冒险不是蛮干或者追求刺激，而是基于对自己的了解、信任。

我去很多大学演讲，发现现在的大学生在这方面并不好，比如不愿意选择有挑战性的营销类工作，甚至不敢去敲开要应聘公司的门，这些都是自信不够的表现。其实大学生之间的差距专业方面的差别不大，都是本科学历，英语、计算机水平也差不多，最重要的是其他素质的差别，自信就是最重要的一个方面，而且自信程度的不同会直接影响就业并影响到就业之后的发展。

吴长江后面补充的负责任，有激情其实也和自信有关系，因为，自信的人才敢于承担责任，不自信的人总是担心，出一点小问题就推脱，找借口，找理由，不敢担当，这样的人总是在“防御”状态，似乎别人随时会伤害他，对待别人，做事情都是怀疑，犹豫不决，哪里还有什么激情，一定是有自信，感觉踏实，有信心了，才有劲头，有激情。所以负责任，有激情还是以自信为基础的。

而自信是一个人对自己的态度，就是说一个人怎么看待自己，觉得自己是什么样的人，这是一个人很重要的一点，如果觉得自己一般，那样即使机会来了，他也会主动放弃，因为内心就觉得自己太一般，竞争不过别人。如果觉得自己很差，那就更麻烦了，不敢做事情，因为知道自己做不好，即使自己做好了，也会因为对自己没信心当成是“偶然”，从而否定自己。如果觉得自己很优秀，那样即使碰到打击，也会觉得自己能够处理，因为认为自己优秀，有解决问题的能力。当然，自信不是自大，自信和自大最明显的区别是自大的人没激情，对人冷漠，自以为是，听不进别人意见。

自信还会影响到很多方面，有些人有很好的想法但是不敢说出来，所以自信会影响到一个人的沟通，自信还会影响到一个人的人际关系，交往能力，自信也会影响到一个人的领导力，没有自信的话，做领导的会担心下属超过自己，就会对下属不开放，有隔阂，影响领导力的发挥。

当然，自信其实也是可以在工作中不断提升的，也是可以通过训练提高的，而且自信的提升可以很快。对于大多数人来说，我们不是没有自信，而是自信不够多，不够强。

所以总结一下的话，吴长江的老板定律可以是，自信，商业意识，能吃苦，当然不同的老板可能会总结出不同的老板定律，但是我相信他们一定有一个共同点：自信。

（此文刊登于《济南时报》，2009年8月28日文学副刊）

岳飞得罪“老板”的背后

中央电视台《百家讲坛》栏目播放北京海淀区教师进修学校教师袁腾飞讲述两宋风云，谈到岳飞有两件事没办好，最终给自己的“职场”埋下祸根。

岳飞一心想要得到当时没人管没人问的刘家军，他就可以借机壮大队伍，一举恢复中原，就一再向皇帝提出申请，但是皇帝先答应了，后又失信，没有信守承诺，岳飞竟向皇帝提出辞职，皇帝两三次派人请岳飞，岳飞觉得皇帝言而无信，竟然和皇帝赌气，置之不理，最后岳飞认错，但皇帝此时对岳飞已经非常不满。

另一件事是，岳飞身为一员武将，竟敢在朝堂之上公开请求立太子，这是犯了大忌的，结果惹怒高宗皇帝。岳飞自己还觉得十分委屈，他觉得自己既不贪图富贵，又不想争权夺利，都是一心为公，却不知道自己既得罪了皇帝，又得罪了大臣。

咱不说当时是封建社会，即使是现代社会，向老板撂挑子，拿功劳威胁老板，谈论老板很反感的话题，都是职场大忌。用我们现在的观点来看，岳飞在两个方面明显修炼不够，一个是情绪控制能力，一个是人际关系能力。

皇帝言而无信，岳飞就很生气，后果很严重的当然是岳飞自己。很明显岳飞没有控制好自己的情绪，而情绪控制是领导人、管理者必不可少的能力，情绪控制就是自己能够调整控制自己的情绪，让自己不至于一时冲动，铸成大错。情绪控制也不是压制自己，不是让自己窝着火不发出来，也不是说对别人的错误不管、不处理，情绪控制是说能够换个角度看问题，能够谅解别人，并通过相对温和的方式处理问题。但是岳飞想的，自己忠心耿耿，精忠报国，恰恰没有考虑到皇帝的需要，不懂得用皇帝喜欢、皇帝接受的方式表现自己，得罪了皇帝、大臣，自己还不明白，死不瞑目。

谈到人际关系，其实你会发现，层次越高，对这方面的能力要求越高，而岳飞身为大将，却没有和他身份相应的人际关系能力，在不适当的场合谈老板反感的话题，还以为自己是替老板分忧。沟通的原则要求，要考虑到别人的需求，就像钓鱼，要放鱼喜欢吃的鱼饵，不能放自己喜欢吃的做鱼饵，而岳飞只顾谈自己关心的问题，不懂得老板的心思，虽然忠心耿耿结果好心得不到好报。

现代职场这两个方面的问题也非常普遍，情绪控制能力，人际关系能力仍然是很多人的短板。而且主管、经理人阶层情绪失控更可怕，比如主管在办公室对员工发火，结果整个公司的人都胆战心惊，没心思工作，影响工作效率和团队合作。情绪控制还很容易感染，一个人的负面情绪很容易激发另一个人的负面情绪，本来很简单的事最后变得不可收拾。一个组织如果主管阶层负面情绪太多就会形成负面的企业文化，所以你看严肃企业里大家都缩成一团，会场开会也一样，大家大气都不敢出。

社会在发展，科技发展也很快，但是人性基本上没有变化，人性就是人类的共同点，自古至今，东方西方都一样，比如人都需要被关心、被尊重、被认可、被谅解，没有人喜欢被忌恨、被责骂、被批评。而社会对人性的研究，家庭、学校对人际关系能力的培养都很不够，所以古人在情绪控制、人际关系方面出现的问题现在仍然很普遍，这是职场修炼的短板，也是教育的不足。

（此文刊登于《济南时报》，2009年9月4日文学副刊）

鱼缸里的人生

有个年轻人到一家很大的水族馆参观，逛到最后，他看到三个很特别的鱼缸，这三个鱼缸的大小都不一样，最小的鱼缸养了一只小鲨鱼，中型鱼缸里养了一只中型鲨鱼，大鱼缸则养了一只大鲨鱼，而且鲨鱼的种类是一样的，年轻人就问水族馆的馆长，是不是先把小鱼养在小鱼缸，等鱼大一点就移到中型鱼缸，再大一点又移到大型鱼缸？馆长说，不是这样的，鱼的大小最初是由我来决定的，同样的大小在它们小的时候，我把它放在小鱼缸里，它就长的小小的，把它放在中型鱼缸里，就长成不大不小的样子，把它放在大鱼缸里，它就长得比较大，当然如果放在大海里，它会变成更大的鲨鱼。也就是说鱼缸的大小，决定了鲨鱼的大小。

鲨鱼的大小是由鱼缸决定的，但是我们人生的格局却是由自己决定的，有的人就像生活在小鱼缸里一样，觉得自己能力一般做不了什么事，他们常说的话是，这事和我没关系，我干不了，我不会做，别来找我等等，在拒绝推脱的同时，失去了职场中的很多机会。

前两天碰到山东师范大学一位做学生工作的老师，她说现在有些农村来的大学生受到挫折容易自暴自弃，觉得自己再努力也赶不上别人，或者自己努力也不如那些有关系的同学找的工作好。有的同学看到别人出去找工作失败，自己干脆就不去找了，认为既然别人成绩好都找不到工作，自己去也是失败。

有的人认为自己没办法改变，自己本来就是这个样子，觉得自己当众场合自由表达、热情沟通是不可能的事，人际关系处不好也不愿意突破自己，常常局限在自己设计的狭小圈子里，故步自封，不相信自己能突破。

也有人像中型鱼缸的鱼一样，觉得自己不错了，生活也很好，工作也很好，不愿意再改变。他们往往具备了一定的基础，也经历过打拼的艰辛，觉得自己还算比上不足，比下有余，水平也还不错。比如我们有些学员在自己沟通能力达到一定层次的时候，觉得已经可以应付工作的需要，就放弃了再学习和再努力。这样的人是生活中的大多数。社会不断变化，如果自己的变化赶不上外部的变化，就会感觉不适应。

当然也有人像生活在大鱼缸里一样，它们有自己的事业，是某一方面的成功人士，甚至开名车，住豪宅，感觉自己是社会精英阶层，但是也不是没有限制。我见过很多这种所谓成功人士，他们很固执，总认为自己是对的，是权威，看不到自己的局限，也有人因为事业，失去了很多其他，比如健康状况不好，孩子教育不好，家庭关系处理不好等等，他们很有成就，但是显然美中不足。或者改变一下成功的标准，事业发展，家庭幸福，身体健康才算成功的话，他们中的很多人就很失败。

也有人像生活在大海里一样，他们心态非常开放，视野开阔，喜欢变化和自由，随时能够迎接挑战。这样的人不限制自己，随性，自然，不管是沟通还是做事情都友好热情主动自然，工作生活也处理得游刃有余，不做作，不自大，也不伪装，为了心中的目标不断前行。这种人即使位置很高，也一样保持本色，一样懂得尊重别人，懂得关心下属，亲切对待每一个人。他们富有智慧，工作生活平衡，懂得生活的价值和意义。

选择什么样的人生，选择什么样的格局，在于自己，在于自己的选择。而且，你有能力选择你自己的格局和生活。

（此文刊登于《济南时报》，2009年9月18日文学副刊）

停车收费的感慨

昨晚到哥哥家里吃饭，因为觉得把车开到院子里比较麻烦，就停在路边，没想到有人走过来要收费，我就笑着说，家就在院子里住，就别收了。大概是我友好的微笑打动了她，她也笑笑说："好吧，下次可要收啊"，我忙说："好的，谢谢，谢谢"。

我不是一个喜欢占小便宜的人，但是我有一点感慨。我是第一次见这个收费的人，假如我认为她不该收费，或者对她不满，我可能脸上没有笑容，我会带有责备地说："在家门口也要收费吗？"，那样子估计她就会不满地说，按规定收费，不想缴费就不要停这里。那样子的话，两个人相互责备，甚至会吵起来，最后可能因为两块钱搞得两个人都不开心。

工作生活中有很多这样的小事，小问题，小矛盾，最后搞得不欢而散，反目成仇，甚至酿成大错，很多时候也是因为没有友好的态度，没有善意的沟通造成的。

当然，那位收费的大姐也可以坚持原则，说要照章收费，那样子我也会很痛快的交钱，但是她却因为我的微笑和一句友好的话很轻易就改变了主张，说明人是很容易被感染的，人是相互影响的，我们生活的环境，不是我影响你，就是你影响我，你有没有想到你自己也有你自己的影响力感染力，发生小矛盾小摩擦的时候，或者谈判的时候，你可以充分发挥自己的感染力影响别人，说服别人。那时候，你的感染力或者说沟通能力就是你的工作能力的表现。

经常微笑，友好的态度，善意的沟通，看起来不难，其实不容易做到，有些人喜欢板着脸，大概觉得板着脸可以表明自己的尊严或身份，不可侵犯，也可能因为自己信心不够，担心别人会伤害自己，甚至有人认为对别人微笑会让人误以为自己软弱，不管什么原因，板着脸时就把自己和别人隔离开了，就像自己的脸上挂着一块“请勿打扰”的牌子，别人看你板着脸，就不敢给你打招呼或者问候，长此以往，你会失去一些机会，失去交朋友的机会，快乐生活的机会，甚至是事业上的机会。

当然，那位收费的大姐也可能信心不够，如果信心不够，就不太敢于拒绝，好多人都因为不太敢拒绝让自己吃了很多苦又不好说。比如说，朋友劝酒有时候不敢拒绝，有的主管看见员工在办公室打牌也不愿去说，怕伤了和气，其实拒绝别人也是可以有很好的态度的。只要你语气坚定，态度友好，我们可以既拒绝别人，又不至于把问题搞僵。有的人拒绝别人的时候表现得很严肃，甚至很不耐烦，大概是拒绝的时候自己已经很不满了，比如这个大姐可以很生气地说：“你怎么可以不交钱，你以为你是谁啊？” 自己不满的时候其实自己不开心，自己先受伤了，然后再去伤害别人，结果往往是两败俱伤，负面的情绪会相互影响，负面的情绪会激发别人的负面情绪，本来简单的问题变得越来越复杂。

管理大师彼得·杜拉克认为，工作中60%的问题都是由于沟通不畅造成的，态度不友好，面部表情僵硬，缺乏热情，都会影响沟通，造成误会，误解，影响工作效率和工作质量，这些看起来是小事，但是有时候会比专业能力还重要。

（此文刊登于《济南时报》，2009年9月25日文学副刊）

了解自己比了解别人更重要

前两天，有一个朋友对我说，她说这两年自己有了一个很大的进步，就是她不太在意别人的看法了。以前好像都是为别人活，很在意别人的看法，现在更多的是按自己内心的想法和思路去办，觉得自己也更了解自己了。我说恭喜恭喜，这可是一个很大的改变。

你能准确地描述自己的性格吗，你认为自己是什么样的人，这其实是很重要的问题，值得你好好想一想。

你如果认为自己是个很真诚的人，你自然不喜欢虚伪，也不会用虚伪的方式去待人处世；如果你认为自己是个很孝顺的人，你就会经常去看望父母，对父母也比较好；如果你认为自己是个执著的人，你真的会做事情很执著很坚持；如果你认为自己是个很自卑的人，你的自信一定不足，犹豫不前，总的来说你认为自己是什么样的人很重要，或者说了解自己很重要。

如何了解自己呢？有人喜欢找人看手相，或者通过血型、星座等等方式，我建议你可以通过自己做过的事，自己的行为习惯来了解自己，而且这样了解自己更客观、真实。梳理一下自己做过的事中有哪些是属于很成功的，想起来很开心的，有成就感的，通过做这件事发现自己的性格特点，通过自己办事总结自己，了解自己，这实在是一个很好很科学的办法。我们平常总是在通过和别人的交往、合作来了解别人，大概没有意识到在这个过程中也可以了解自己，了解自己的待人处世方式、价值观念、性格特质，实在是一件有趣有价值的事。

了解自己有一个方向，俗话说世上的事情不如意者十之八九，你能想起来的事情中，大概多数是失败的经历，而且，我们的习惯大都是看自己的缺点，但是了解自己不是仅看到自己的失败，看到自己的缺点，更重要的是要回想那些做得成功的事，也就是说多回想其余的“十之一二”，看看自己做成了哪些事，了解自己成功的一面有助于增强自己的信心，敢于面对生活中的挑战。

我们的眼睛是向外长的，习惯看外面的世界，外面的世界固然精彩，但是我们也会被外面的世界迷惑，以至于失去自我，我们要在人生的舞台上展现自己，最重要的是要看自己，看自己不是感觉自己，用内心感觉自己会很主观，而且容易无意识地否定自己，要通过自己的所作所为分析自己，了解自己的沟通方式，待人接物的方式，了解自己的价值观，从各个侧面了解自己，看到自己精彩的内心世界。

因为文化的原因，小时候父母多数都是批评自己，上学后，老师也多数是批评学生，所以工作了我们也是习惯批评自己，批评别人，或者总是觉得自己做得还不够好，造成自己对自己负面的评价比较多，信心不够强，了解自己就是要更加喜欢自己，发现自己与众不同的特点，发现自己的优点，优势，肯定自己，让自己生活得更有信心，更幸福，更成功。

世界总是变化的，人的个性也需要不断改变，了解自己，喜欢自己，突破自己，虽然说“本性难移”，但是多了解一点自己，就会由难变易，发现本性还是可以“移”的。知己知彼，而且“知己”在先，方能百战不殆。

（此文刊登于《济南时报》，2009年10月15日文学副刊）

家人能像朋友一样沟通吗

这几天开设青少年口才与交际班，来的孩子基本上都很优秀，学习成绩很好，但是也有很多值得深思的问题。

昨天我给这些小同学布置了一个作业，让大家回家给爸爸妈妈分别写一个卡片，上面写一句感谢的话或者赞美的话。今天早上，大家分享作业的情况时，有人没有送出，借口说忘了，其实我知道这些同学很可能不是忘了，而是觉得难为情，说不出口，送不出手。有的同学送出去了，但是好像做了什么见不得人的事一样，偷偷地放在父母的桌子上，而且还反过来放（我们要求先给父母表达感谢，再送卡片），或者夹在父母房间的门缝上，这些同学好不容易鼓起勇气，终于迈出了一步，但仍然没有做到位。当然也有同学很大方很轻松地就把卡片送了出去，而且写的内容很丰富，有的甚至经常这么做，他们和父母的互动非常好，就像朋友一样自然、轻松。

这里面有两个问题，第一个问题是，对别人的帮助或欣赏表达感谢和赞美是非常自然的事情，为什么好多人说不出来呢？第二个问题是，为什么朋友之间无话不说，家人之间好像就没有话说，不能像朋友一样呢？

在成长的过程中，父母对孩子往往是批评的多，赞美的少，在学校里，老师对学生也是批评的多表扬的少，或者说负面的评价多，正面的评价少，这样的结果就是孩子常常受打击，感觉自己做得不好，信心不够，缺乏勇气，在学校里的表现就是不敢主动回答老师提问，即使会也不敢举手，不愿意竞选班干部，不喜欢参加集体活动，害怕公众表现等等，虽然考试成绩不错，但将来很可能成为高分低能的书呆子。

多数情况下，孩子的表现有父母的影子，正所谓，“有其父必有其子”。为什么父母和老师都不懂得赞美和表扬呐？因为父母的父母也是这样对待他们的，老师也一样，我在读师范时从没有一个老师教给我们怎么赞美激励学生，我们的这种环境或者文化代代相传，经常接受批评自然学会批评，对很多父母来讲，说句表扬的话就一个字：难。

家人之间如果批评较多，抱怨较多，自然就会造成沟通障碍，因为没有人喜欢批评和抱怨，长此以往，家人之间沟通就会变少，代沟也随之出现，两代人之间的话往往只限于一些不得不说的话，吃饭、喝茶、沉默，不会像朋友那样说笑话、调侃、聊天。

我曾碰到一个朋友，他说他和他的夫人及女儿的沟通一直非常通畅，三个人平时在家都是直呼其名，女儿可以直接叫爸爸妈妈的名字，只有客人在的时候，女儿才称呼爸爸妈妈，而且他们家有什么决定都是三个人“开会”商量，绝不强求，可见，亲人之间的沟通完全可以像朋友一般通畅，自由。

父母给孩子提供物质保障往往不遗余力，其实更重要的是保护他们的精神。

给他们心灵的自由，给他们信任关心鼓励，培养他们健康的人格和良好的性格，这是最关键的，比给他一套房子更有价值，反之，经常训斥他们，要求过于严格，孩子缺乏信心，个性不健全，家长会遗憾终生。

（此文刊登于《济南时报》，2009年11月11日文学副刊）

你对孩子专注吗

晚上到朋友家去玩，他们的孩子畅畅三岁多，吃完饭我们让他表演，让他唱歌，他便煞有介事地给我们表演各种动作，唱在幼儿园学到的歌谣。我们几个人一边聊天，一边看，还开着电视，但是我注意到畅畅虽然只有三岁多，但是已经开始知道害羞了，有时不敢看我们，有时唱上两句便往旁边跑。他为什么会害羞，为什么不够大方，为什么这么小就开始不自然？

假设你在很投入的讲话或者表演，你看到听众听得很不认真，交头接耳，会有什么感受？我估计孩子的感受也一样。孩子感受不到父母很专心的欣赏，她感受到的是大人们对她的表演在敷衍，没听到掌声，没看到大人鼓励的眼神，看到的只是大人在闲聊，无所谓的眼神，还有分不清是开心还是嘲笑自己的笑容，她当然会觉得她的表演不重要，不精彩，所以开始有点不好意思，不愿意表演。长期下来会怎么样，干脆不表演了，大人让干什么都不愿意干，性格也逐渐发生变化，所以你看有很多小时候很活泼的孩子长大后变得沉默寡言。

想起来一个故事，有一个大学教授到他儿子家里去，看到他儿子正在跟他五六岁的小孙子聊天，这时候电话铃响了，他儿子也不去接，还是跟孩子说话，他就很纳闷，但是没有问，吃饭的时候他终于忍不住就问他儿子："刚才电话铃响了你怎么都不接电话？"没想到他儿子说："我在跟孩子说话，孩子的话很重要。"，教授很不屑地说："小孩子的话有什么重要的，我听你们都是在闲扯？"，他儿子说："是，对我们来说是闲扯，但是对小孩子很重要。"，教授感觉好像被当头一棒，是啊，自己教了一辈子的学，怎么没认识到这个道理，我们总是把孩子的话当做笑话，天真，不需要认真去听，但在孩子心里感受到的是不受重视，感受到的是伤害，难怪孩子会变得害羞、内向，都是家长不断的无意识伤害的结果。

为人父母，对孩子的关心和爱是毋庸置疑的，但是孩子感受到的并非如此。在我们的课堂上，经常有学生讲对父母的不满，甚至是恨，当天真的孩子说自己恨自己的父母时，我自己都很吃惊，在他们的幼小心灵里有自己的判断，对于父母的打骂真的感受到的就是恨，虽然父母自认为任何时候施予的都是爱，但孩子感受到的有时是爱，有时是恨，当然多数情况下他们感受的爱会多一些。

学会关心和爱远比本能的关心和爱更有价值，效果也会好很多，"子不教，父之过"，最重要的是会教，很多事业成功的父母却疏忽了对孩子的管教，或纵容娇惯，或严加斥责，结果孩子不争气，也真是一件遗憾的事情。

和孩子沟通原则很简单，就是做父母的要蹲下来，从孩子们的视角去看这个世界，了解孩子是怎么沟通和思考的，用孩子接受的方式和他们交流，你就会发现一个不一样的世界，而且也更懂得教育孩子。

改变和孩子沟通的方式，改变对待孩子的方式，有意识地去做而不是跟着感觉走，在孩子讲故事的时候，表演的时候，家长要表现出足够的重视，不要一边看电视或看报纸，一边听孩子讲话，要专注地看着孩子，鼓励他，支持他，尊重他，为他鼓掌，这样你的孩子才会有足够的自信，才会活出你的期望。

（此文刊登于《济南时报》，2009年11月18日文学副刊）

巴菲特的特点

2010年10月17日晚，我正在看巴菲特的自传《滚雪球》，看了一会就打开电视，恰巧看到中央电视台财经频道对巴菲特和他的合作伙伴芒格做《对话》栏目，他们展开了一场精彩的对话。

巴菲特一直微笑着，坐在下面的盖茨也一直微笑着看着他，台下还有很多知名企业家和投资公司老板。巴菲特看起来一直非常轻松，非常活跃，根本不像80岁的老人，很明显他过得很快乐。快乐的原因是，他不怕股票下跌，下跌他会很高兴，因为下跌意味着机会来临，可以择机买入。既然是下跌都很高兴，那上涨更没有不高兴的理由，所以，这样的人在股市里就没有了恐惧，只有快乐，寻找机会，快乐赚钱。

巴菲特在谈到他成功的秘诀时，一个是提到他的老师格林厄姆，他的老师告诉他："不要把股票看成是一个不停上下浮动的东西，不能轻信一些谣言，不能根据谣言判断一只股票真实的价值。买一只股票就意味着投资一家企业，而自己就相当于是这个企业长期的伙伴，而且你投资的企业应该在他的领域具有优势，从而能够保证企业在一定时期内维持较高的利润。而且他教给我说不要过分地关注你的投资，如果你遵从格林厄姆先生的教导，然后你会发现你的投资几乎是很难赔钱的。短期来看可能有些人比你赚的钱要多，但是只要你不赔钱，你的回报是持续且合理的，所以我听从我老师的教导，查理·芒格也是这样。”

他还谈到：“我很幸运，在投资方面我对情绪有很好的掌控力，但是我并没有所谓的投资秘诀。我仔细地考察那些企业，试图弄清楚哪些企业是我了解的，哪些是我不了解的。如果不了解，我就放弃。我需要分析一个企业的前景，并且在价位合适的时候购买他的骨牌，并长期持有，实际就是这么简单。”

难怪巴菲特这么幽默和快乐，因为他知道，他投的股票是很难赔钱的，因为遵循简单而又有价值的投资理念，他相信他的投资理念，且屡试不爽，自然对自己的投资充满自信。当然，他也失败过，他坦率地承认犯过错误以后也会犯错。

既然这么简单的投资道理，为什么大家成不了巴菲特呢？因为大部分人都有两个特点：恐惧和贪婪，但是巴菲特没有，巴菲特说自己对情绪有很好的掌控力，情绪的掌控其实很难，因为人都是很情绪化的，一个朋友对我说，股票涨了睡不着，股票跌了也睡不着，涨了高兴得睡不着，跌了担心得睡不着，我相信炒股的人大都有类似的经历，看着自己的股票涨了就很高兴，跌了就很郁闷，这都是情绪控制能力差的表现，情绪控制不仅是影响炒股的重要因素，生活中也一样，坏情绪让人吃不下饭，睡不着觉，这是人性的弱点，只是巴菲特很好地克服了人性弱点，我相信这也是他成功的重要因素之一。

学会聆听

电视剧《乔家大院》有这么一段戏，东家乔致庸刚从包头回到山西祁县家中，一个小伙计就进来“汇报”情况，那个小伙计见了东家就极度紧张磕磕巴巴说不清楚，乔致庸很不耐烦地说：“出去出去，刚坐下就来烦我。”，但是那个小伙计还是不愿走，乔致庸不容分说脱下鞋就扔了过去，那个小伙计仍然一边解释一边说，暴怒的乔致庸又脱下另一支鞋扔了过去，直到那个小伙计说门口弹棉花的那个人从前是达盛昌的伙计，可能是个探子，乔致庸才一下意识到事情的重要性，把小伙计叫过来问个仔细。

做老板或者做主管的大多不善于聆听，这里面有两个原因，一个是老板都很忙，没时间听，懒得听，所以刚回到家的乔致庸看到小伙计来报告立马就厌烦，再加上那个小伙计很紧张，畏畏缩缩吞吞吐吐说不清楚更让乔致庸恼火。第二个原因是老板大多比员工懂得多，所以员工一说话老板都习惯性地判断他要讲什么事，而且总觉得员工讲的重点不突出，不简洁，觉得不重要就听不进去了，乔致庸以为小伙计无非是些鸡毛蒜皮的小事，所以一开始就想顶回去。但是，误会也经常是这个时候产生的，管理大师彼得·杜拉克说，工作中60%的问题都是由于沟通不畅造成的，工作和生活中的问题和误会很多是聆听不足造成的。

学会聆听的困难还在于人说话的速度是比较慢的，但是听的速度却很快，一个播音员说话的速度每分钟是200字左右，但是我们每分钟听的速度却高达1500个字，这也是为什么开会的时候，有时候自己开小差了，大脑云游一番回来发现讲话的人还在讲同样一个问题。

大多数人都喜欢说而不喜欢听，说是表达自己的想法，是谈自己感兴趣的话题，但是自己感兴趣的并不一定是别人感兴趣的，很能说也不代表能说到别人心里面去，所以口才好，很善于说并不一定善于沟通，也并不一定有好人缘。善于聆听的人是善于沟通的人，而且聆听能够表达积极的态度，会“听”代表对讲话的人尊重，也代表一种度量和宽容，“忠言逆耳利于行”大概是古人对聆听重要性的提示吧。

当然听也有不同的层次，有些人假装听实际心不在焉，有些人听是选择性的听，自己喜欢的听进去，自己不喜欢的就成了耳旁风，有的能听的比较专注，但是听的最高境界是设身处地的听，设身处地才能忘我，忘我时就能理解讲话内容的前因后果，而不是加进自己的主观臆断。就像我们看小说或者看电影，当我们投入进去以后，我们仿佛成了其中的一个角色，心绪随剧情起伏跌宕。

很有意思的是，仅仅是听到或者理解对方讲话的内容并不是聆听的全部，在聆听时聆听者的反应也至关重要，就像我们在打电话时，一方说话，另一方必须有反应才行，比如回答“哦，嗯，好的”等等，如果没有这些反应，给对方的感觉就是没有听，对方会不断地问：“你在听吗？能听到吗？”，甚至会很气愤地挂断电话。所以，听到还是不够的，还是给人没有听的感觉，善于聆听的人会眼睛注视着讲话的人，不时点头，有肢体和语言的回应，这些细节都是很重要的，当然也是一个人的习惯，会直接影响到沟通的效果。

沟通的习惯体现一个人的修养和水平，如果你感到有些地方做得不够，花点时间学习一下才是上策。

谈“练爱”

这一周，卡耐基俱乐部QQ群讨论的主题是“练爱”，练是练习的意思，爱的意义很广泛，比如关心、尊重、宽容等等。练爱的意思就是学会关心，学会尊重，学会宽容，学会爱别人。

这是一门大学问，是值得我们一辈子修炼的学问，比如亲子关系不好，估计就和爱的方式有关系，父母要管教孩子，这本身是一种爱，但是孩子往往不喜欢父母的管教方式，其实是不接受父母“爱的方式”，这就是其中一方没有学会爱，没有用正确的方式爱，结果甚至招致“恨”。

我们把对父母的爱称为“孝顺”，很多人有孝心，但不见得会孝顺，也是不会爱的表现，比如说你知道父母最喜欢什么吗？你知道父母最在意什么吗？父母天天关注哪些事情？他们这个阶段最需要什么？其实做儿女的往往不知道。不知道就会买一些自以为父母会喜欢的礼品，比如保健品、衣服等等，但实际上这些孝顺的表现都是自己想当然，不一定孝顺到父母的心里去，结果自己以为尽了孝心，父母心里还是有点孤独，但又不说给你听，你说这是不是很遗憾的事情。不会爱就会出现遗憾，所以要了解父母的心，了解他们的需求。有句谚语说“女儿是妈妈的小棉袄”，是说女儿往往更心细，懂得妈妈的心，懂得爱，会爱。

虽然懂得这些道理，但是做起来还真有难度，昨天回老家，妻子没来得及买东西，我自己去超市给父母买点礼品，可是我已经好多年没去过超市了，在超市里我像个傻子一样看来看去，不知道买什么好，想想，看看，什么都想买，又觉得没必要买，一点思路也没有，我只好随便拿上几包糖、糕点等，匆匆走到柜台前结账。

爱也是一种能力，善良的人很多，热情的人也很多，但是善良的人给人的感觉不见得就好，比如说话太直，容易伤害人，虽然是善意，但往往引起误会，这就是爱的能力不够，不会将自己的善意让别人理解，好心没得到好报。热情也一样，有些人内心很热情，也很愿意帮助别人，但是表现出来的不够热情，表现出来的恰好相反，让人感觉有点冷漠，不容易接近，其实是自己的表现力，没有把自己的优秀的潜质展现出来，想“爱”别人，帮助别人，关心别人，但是做不到。这就更需要练习。

夫妻之间的爱也是如此，在电视剧《王贵与安娜》中，王贵想让刚刚帮自己老家兄弟卖了一车梨的安娜再拿点钱给妈捎回去，搭了工夫再搭钱，安娜坚决不同意，王贵发挥他软缠硬磨的本事，说了一大筐好话又给安娜按摩，安娜最终还是答应了王贵，现实生活中这样的事情不胜枚举，但有王贵这种“练爱”水平的少之又少，往往会弄得不欢而散，甚至大闹一场，王贵成功的关键在于面对安娜的拒绝仍能保持笑脸，迂回争取而不是恶言相对，如果大家学学王贵的“练爱”功夫，家庭的幸福指数一定会上升很多。

昨天晚上上课时一个在银行工作的朋友谈到在参加孩子的活动时，发现自己的孩子思维不够灵活，有点循规蹈矩，他猛然意识到自己对孩子太严厉了，打击了孩子的好奇心，结果孩子不够活跃，虽然孩子考试成绩很好，也很听话。可见严加管教也有副作用，或者说不科学的爱也有副作用，爱是需要不断修炼的能力。

让我们都来“练爱”吧。

一句话　一辈子

歌词里面有“一句话，一辈子”，论语里面有“一言兴邦，一言丧邦”，谚语里面有“良言一句三春暖，恶语伤人六月寒”，可见有时一句话都是很关键的，会带来意想不到的影响。

有个在省立医院工作的学员朋友讲他在小时候经常住在姥姥家，一次玩鞭炮的时候把棉袄烧了个洞，因为怕姥姥发现，就在棉袄上缝了个扣子正好盖住烧坏的地方，但是后来还是被姥姥发现了，姥姥没训他反而夸奖他：“你的手怎么这么巧啊！”，姥姥的一句话他一直记着，而且从那以后一直认为自己是个动手能力很强的人，后来上了大学，学习中医和针灸，他的动手能力明显比其他同学强，后来成了小有名气的针灸专家，姥姥无意中的一句话成就了一个中医专家。

可能无意中的一句话也会给人造成伤害，想想自己的经历，年轻时候说话就特别“冲”，不会说话，不会说感谢的话，不会说关心的话，也不会说道歉的话。小时候和小伙伴闹别扭，事后想和好，就是不愿意说句道歉的话，而且总以为那些能说会道的人很虚伪，以至于工作后在不知不觉中伤害了很多人，因为一句话客户不和我们合作了，因为一句话让朋友很伤心，因为一句话和别人发生误会。前两天有个朋友说找我咨询孩子的问题，和女儿沟通不好，我们约好第二天上午见面，结果没有来，我估计也是因为在电话中让他“注意和女儿沟通的方式，不要家长制作风”，在电话中说这些话时有点着急，带有情绪，不够平和，大概引起了误会吧。

我们有时候会觉得感谢的话好像不必说出来，内心里有就行了，或者有时候觉得熟悉的人之间说谢谢好像有点太客气，其实，我们想想农村有句话“礼多人不怪”，一句感谢的话，一句问候的话，一句致意的话，看起来是寒暄，是形式，实质上是内容，是态度，多说一句少说一句大不相同。

难怪管理大师彼得·杜拉克认为工作中60%的问题都是沟通不畅造成的，其实生活中的多数误会也和沟通有关系，我的一个朋友近期就提醒我说话不能太随意，有时候需要“闭着嘴巴讲话”，想想也有道理，因为自己说话造成的误会已经好多次了，无意中伤害了别人自己还不以为然，不明白别人为什么这么对自己，现在明白了，其实还是自己的问题。

也有人在台下挺能说，说得也很生动，但是到正式场合需要他面对很多人讲几句的时候，他却一句话也说不出来，磕磕巴巴不成样子，我见过很多这样的朋友，那种环境下要他讲一句话好像比要他的命还要难受，这样的朋友就迫切需要培养能够在公众场合讲几句的水平，而且改变这样的一个习惯也并不难。

哥伦比亚大学有个调查：调查什么能力才是永远不会过时的能力。调查结果出来，发现这种能力既不是外语能力，也不是计算机能力，而是与人沟通的能力，沟通能力是一辈子需要修炼的能力，敢说了还不够，还得会说，会说了还得有技巧，说到别人心里面去。有人很能说，口才好，但是人缘不好，我们称这种人会耍嘴皮子，不讨人喜欢，也有人很能说但是太啰唆也让人烦，这其中有很多学问可能说起来简单，做起来难，那就只说一句：一句话，一辈子。

八风吹不动

宋代苏轼在江北瓜洲地方任职，和江南金山寺只隔着一条江，他和金山寺的住持佛印禅师经常谈禅论道。有一天，苏轼觉得自己修禅大有进步，立即提笔赋诗一首，派遣书童送给佛印禅师看，诗云：“稽首天中天，毫光照大千。八风吹不动，端坐紫金莲。”（注：“八风”在佛教里指的是“讥”“毁”“苦”“乐”等八种影响人的情绪）禅师看了诗，批了两个字，就叫书童带回去。苏轼以为禅师一定会赞赏自己修行参禅的境界，急忙打开禅师的批示，一看，只见上面只有两个字“放屁。”苏轼气坏了，乘船过江找禅师理论。没想到佛印禅师早站在江边等待了。苏轼气呼呼地说：“禅师！我一直拿你当好朋友。我的修行，你不赞赏也就罢了，怎可骂人呢？”禅师哈哈大笑：“哦！你不是说自己‘八风吹不动’吗？怎么‘一屁打过江’了呢？”

用我们现在的观点来看，禅师是在考验苏轼“情绪控制”的能力，大概老禅师一生修炼的也是这种能力，现在流行的很多名目繁多的培训也有点修炼心性的意思，大概也是借鉴了“修禅”的思路吧。其实说起来也是很简单的事，情绪控制能力强的人不容易受外界的影响，就像别人的一句讥讽，一次误解，嘲笑；情绪控制能力不够的人会非常生气，以牙还牙，以眼还眼，或者感觉满腹委屈；情绪控制能力好的人，则表现很平静，很从容，很主动，把注意力放在了解问题、解决问题，而不是让感觉主宰自己。

当然做起来并不容易，因为人的情绪反应也是习惯，就像每个人的身上都有一个看不见的按钮，一句不好听的话或者一件烦心的事就启动了这个按钮，这是一种情绪反应的习惯，大家都知道生气是拿别人的过错惩罚自己，但还是屡屡生气，不是不懂，而是习惯。就像苏轼看到老禅师批语的习惯反应早就忘了自己修炼的感悟。

我们不会做自己认为对的事情，只会做自己喜欢和习惯做的事情，就像大家知道吸烟有害健康，但是戒烟仍然很难。

但是，情绪还是可以控制的，只不过有的人调整得快，有的人调整得慢，碰到同样不开心的事，有的人一会就过去了，有的人三五天都闷闷不乐，说明每个人调整控制情绪的能力不一样。或者通俗的说，每个人的脾气不一样，脾气不一样就是情绪控制能力不一样。

和其他习惯一样，改变自己的脾气也是很有价值的修炼，情绪控制能力强的人处理问题的能力也强，抵抗挫折的能力也强，性情平和稳定，或者说能够淡泊名利，宁静致远。

人往往很情绪化，也就是说很多人容易受情绪控制，或者说很敏感，这样就容易“受伤”，感觉委屈冤枉，会责怪别人，生活也很不快乐。更不好的是，心理的不愉快会影响生理上的病变，据医生介绍，超过一半的癌症的成因和情绪不好有关系。

要学会情绪控制，需要学会求助于自己的内心，让内心强大起来，轻松看待生活中的人和事，从容面对，真正做到“八风”吹不动。

职场制胜的密码

这一阵招聘，连续打了几个星期的广告，求职电话也陆续打进来不少，多是刚刚大学毕业的年轻人，接触各种各样的求职者，我的感触也不少。

有的年轻人好像还没准备好就被抛向了社会，他们对社会有恐惧感，他们蹑手蹑脚走到我们办公室门口，而且不敢站在正门口，几乎是倚在门的一侧，小心翼翼地说："你们这里是在招聘吗？"声音小的你几乎听不到，这样的年轻人男孩女孩都有，和他们谈话时你也能感觉到他们的拘谨和畏缩，给人的印象不够大方，也许很善良，也许专业成绩很突出，但是应聘成功的几率很小，因为太不自信。

也有年轻人表现恰恰相反，他们看起来很聪明，很圆滑，八面玲珑，而且好像江湖高手，很适应社会，很有能力。有同学说，即使别人被我骗了，也会很欣赏我的能力，从他们不断转动的眼珠里，我能感受得到他的灵性与智力都很好，但是感受不到他的积极态度和尊重，其实，这样的同学误读了这个社会，社会不仅仅有世故圆滑，我们也不仅仅要适应社会，还要学会真诚和友好，坦率地面对这个社会。

也有学生你看他的简历很优秀，学生干部，获得过奖学金，成绩优异，面试时说话也有水平，但是有一点，脸上没有笑容，始终冷冷的，好像世界亏欠了他很多，当然也许是感觉到压力太大，或者情绪不好，但是我想说，年轻人啊，笑着面对生活，不管一切如何。如果真的情绪不好，就不要去应聘，等心情好的时候再去不迟。

还有的大学生应聘不带简历，求职应聘就像休闲观光一样随意，放松心情，赤手空拳闯天下当然好，但是连一纸简历也没有，其实自己找张纸写一写也可以，说明了应聘者对要应聘的公司不够重视，也有人在求职登记表上，仅仅寥寥数语，似乎不愿意透漏自己的信息，你不介绍自己怎么让别人了解你，而且，即使不抱很大希望也可以认真地填一下简历，不管自己意识到没意识到，这些还是态度，你对自己无所谓的态度，注定别人对你也是无所谓。

当然，也有学生大方，热情，积极主动，即使专业成绩一般也会给面试官留下好印象，见面没说几句话就想要把他留下来，其实还是因为这些同学有自信，懂得尊重别人，这样的人少之又少，很容易为自己争取到机会，虽然金融危机，就业困难，这样的人用人单位还是争相聘用。

自信、热情、沟通、懂得尊重别人、关心别人、谅解别人、待人真诚，这些看起来很简单的词汇其实就是职场制胜的密码，当然这些不是仅明白就行，而是行动，是良好的行为习惯，也是一个人综合素质的表现。但是很多人往往把求职失败归结到自己学历不够，专业不好，其实很多情况下，应聘者的硬件是差不多的，都是本科毕业，英语都是四六级，计算机水平也相当，这时候自己的素质，自己的沟通表达、热情等软的实力才是制胜关键。并且，这些软实力的提升并不难，只要在生活中多加注意，不断练习，或者专门培训一下，这些职场短板就可以补上来。

回归自然

一天上午，一位老学员从淄博来到我的办公室，他说："我怎么现在感觉有些孩子气了，看什么事情都很有意思，感兴趣，而且和别人说话都很轻松，以前老板着脸，现在也经常给别人开玩笑了。"这一段时间，谈生意也感觉顺了很多，以前很头疼的事现在几分钟时间轻松搞定，这是怎么回事？

我说，祝贺你啊，这可是非常好的状态，很难得，其实生活本应该就是这样子的，自然自在，轻松自如，游刃有余，左右逢源，这才是我们要追求的状态。在没接受培训之前，董先生说不敢给员工开会，紧张，工作压力大，和客户沟通也不知道说哪些话题，那种状态下，当然不会轻松自然，只是疲于应付，手忙脚乱，紧张不堪，人几乎也变成了机器。

大家看看小朋友无忧无虑，天真自然而且活泼好动，闹腾一天都不觉得累，睡一夜接着闹仍然很有精神，因为他的动作都是自然的，无意识的，所以也不觉得累。但是成年人往往是被动的工作，有些事自己不愿意做，又不得不做，情绪受影响，这样忙一天就会觉得非常累，日复一日，就失去了自然，失去了率真，就很难做到工作生活的轻松自如。

董先生为什么会有这么大的变化呢，为什么重新找到轻松自然的感觉和孩子气？这和他的学习调整有很大的关系，他在我们这里学了当众讲话班和人际沟通班，在课堂上他就有很多的感悟，难能可贵的是，他把课程的要点都记录在一张纸上，装在口袋里，每天背一遍。他从衣服口袋里拿出一张纸给我看，看到那张折起来的纸边发毛的纸，展开基本上碎成了四小块，我的心好像被撞了一下，我们这些做讲师的都没有这么用心过，没有这么用心的备课，我也明白了他为什么工作生活有了这么大的变化。

其实我们都想工作生活过得更简单，更轻松一些，但是改变自己又不容易，因为要改变自己的旧习惯需要练习。董先生说一开始学了我们的课程，发现自己敢讲话，不紧张了，逐渐的才发现自己说话更轻松，更幽默了，和别人聊天相处也更融洽更快乐。习惯的改变是一个过程，如果用心培养，改变自己还是可能的，他上完我们的课程才三个多月，和以前的他已经判若两人，人生就是一个不断变化的过程，只是需要主动变化，顺应自然，自如地应对工作和生活。

人是万物之灵，但是也许因为生活的压力，也许不够顺利，很多人变得古板、古怪、木讷拘谨、茫然、失去了灵性，这时候的你其实已经迷失了方向，失去了自我，我们是可以通过调整让自己重新回归自然，找到小时候纯真的自己，找到快乐轻松的生活，找到真实的自己。

家事战场

昨天一位奶奶几乎含泪给我讲述她孙子的故事。因为爸爸妈妈工作忙，加上姥姥心疼女儿，她孙子从小就是姥姥姥爷照顾，姥姥是小学教师，但是对孩子要求非常严格，杯子必须放在指定的地方，必须按时起床，不听话就揍，甚至经常打电话给孩子爸爸，让他来揍孩子。孩子学习成绩倒也挺好，也很聪明，但是孩子越来越大，却是越来越不听话，棍棒底下没出来“孝子”，反而出了个“逆子”，孩子非常讨厌姥姥姥爷，也非常讨厌爸爸，甚至骂他们，家长和孩子的斗争开始升级，爸爸更残酷的打骂，孩子则离家出走，去网吧，在外流浪，好多天不回来。姥姥说，孩子一定是得了精神病，一般的孩子出走两三天就回来，这孩子这么长时间不回来，分明是不正常，大概得了精神病吧，既然觉得孩子得了精神病，姥姥姥爷就不敢管教了，很害怕这个随时会爆炸的“精神病人”，也不敢管了，老人像看怪物一样害怕外孙，外孙则看到两位老人就烦，愤怒地让他们“滚蛋”。

看着奶奶又悲痛又惋惜的“控诉”，我非常理解，这里面有一个关键的地方，一般来说家长的批评管教不至于让孩子这么反感的，但是如果家长过于严厉，比如说“必须把牙缸放在指定位置，差一点也不行”。家长又不能讲明这样做的道理却强制孩子执行的时候，其实就变成了斗争，斗争的时候，对错就放在了一边，而是必须分个高下胜负。在孩子很小的时候，家长往往是胜利者，但是孩子越来越大，孩子就会想方设法地获得斗争的胜利。你看看这个孩子不就通过离家出走多日不回战胜了姥姥姥爷吗？姥姥姥爷也很害怕不敢管了，只是不服输，认为孩子是“精神病”，家里成了战场，孩子和家长成了对立的双方，大概这样的家庭也不少吧，只是没有这么典型，或者偶尔摩擦，不像这一家硝烟弥漫战火不断。

对于这样的情况，其实也是可以解决的。首先，我觉得姥姥姥爷到了这个岁数，你要改变他们的理念或者改变教育孩子的方式其实已经不大可能了。剩下的就是父母改变或者孩子改变，最好都能改变。孩子改变了，学会谅解父母，和父母商量，而不是故意跟他们作对，问题会迎刃而解。如果爸爸改变了，不再用简单粗暴的打骂来处理问题，懂得跟孩子沟通相处，懂得尊重孩子，问题也会很容易解决。只是，学会尊重，学会谅解不是说说而已，而是要真真切切的改变。

你快乐吗

我在课前问大家一个问题："大家平时工作生活开心吗？快乐吗？"有位小伙子说，不太快乐，刚参加工作，压力大；有位三十多岁做副处长的先生说，一般般，感觉自己做得不够好，领导似乎总对我们不太满意；有位四十多岁的管理者说，马马虎虎，上有老下有小，企业竞争激烈；有位五十多岁的女士说，单位破产，我退休了，现在自己创业，虽然有自己的公司，但也不快乐。

这是个问题，年轻的时候不快乐，中年的时候不快乐，甚至退休了也不快乐，那么到老的时候，回忆自己的一生都不快乐，这一生是不是很后悔，很不划算吗？

如果相反，自己即使没有多少成就，没有多少钱，但是想想自己的一生还是比较快乐，那是不是很安慰，至少自己算是快乐地走过一生。

我接着问大家怎么样让自己快乐一些？结果有位学员说，把事情都做满意了就快乐了。但是仔细想想太难了，俗话说世上的事情不如意者十之八九，那么如意者大概只有十之一二，很多事情都不是那么称心如意的。而且卡耐基先生说过，如果你做十次决定，正确的次数达到6次，那就炒股票好了，判断正确的次数多于错误的次数就能盈利。可见想把所有事情都做得满意基本上是不可能的。

有的朋友说，站在台上能够侃侃而谈就很快乐，忘词就很痛苦。这倒是我们经常碰到的情况，大家来学习当众讲话多数情况都会紧张，准备好的内容讲不出来，感觉很没面子，也影响自己的形象。有些人在讲自己的专业知识时讲得很生动，但是在酒桌上闲聊时就寡言少语，享受不到聚会的快乐。

也有朋友说，能跟同事朋友家人和谐相处就比较快乐。有“气场”就快乐，在单位，人际关系复杂，别人往往不快乐，自己也快乐不起来。

总的来说，让人快乐和不快乐的方面都很多。对自己有信心，和同事友好相处，碰到棘手的事情冷静处理，这样的人就比较快乐。对自己没信心，人际关系处理不好，不善于沟通，情绪容易失控的人就不快乐。

要想从不快乐变得快乐，也是需要“修炼”的，看看哪方面影响了自己的心情，尝试着去改变，比如说提升自信，比如提升自己的沟通能力等等，把工作做得更简单一些，更有效率一些，多做快乐的事情，多想快乐积极的一面。

快乐多一点，烦恼就少一点；自信多一点，自卑就少一点；坚定多一点，犹豫就少一点；希望多一点，失望就少一点；热忱多一点，冷漠就少一点；宽容多一点，计较就少一点；积极多一点，消极就少一点。

而且，自己快乐了，才有可能带动别人快乐。我们总是自己不快乐，受到冒犯了生气，就开始批评别人，发泄情绪，弄得周围的人也不快乐。所以首先得关注自己的快乐，问问自己，快乐吗？我最希望的答案是：我很快乐。

谈谈恐惧

在我的办公室有个鱼缸，每次我走到鱼缸跟前，金鱼就齐刷刷地朝我游过来，我给它们投食，它们欢呼雀跃，有时候我也会拍拍鱼缸，吓唬它们一下，它们会惊慌地四散跑开，看得出小鱼的胆量太小了，有时候我把鱼缸上面的灯控开关打开也会把它们吓一跳，猛地转身往下面游去。

大概恐惧是所有动物的特征，据说羚羊没有“胆”这个器官，非常容易受到惊吓。有一次在电视上看到羚羊受到惊吓四散逃跑的过程中相互踩踏有好多因此受伤。原来不仅仅是人类，动物在恐惧时也会相互伤害。

但是我觉得动物恐惧的东西相对要少，也许害怕吃不上饭，也许害怕受欺负，害怕人类，但是动物不会害怕失业，也不会害怕当众讲话，也不会害怕雾霾天气。但是人不一样，相对于动物，人类恐惧的内容肯定是更丰富的，害怕地位不保，害怕领导批评，害怕疾病衰老，害怕财产受损，害怕坏人算计等等，简直太多了，所以人容易出心理问题，会得抑郁症。动物界、植物界估计都没有抑郁症。

既然事情都有两面性，恐惧也有不少好处，因为恐惧才更小心谨慎，因为恐惧才遵规守法，因为恐惧才努力拼搏，但是恐惧的伤害那也是大的不得了，恐惧挡住了人前进的脚步，恐惧造成很多疾病，中医里面不是讲恐伤肾么，“吓破了胆”“吓死了”，看来恐惧不仅仅会让人得病，也会让人丧命。

既然恐惧不好，天不怕地不怕就好么？还有人说，人要有所畏惧，所以说到底，还是个恐惧的级别或者“度”的问题，适度的紧张，适度的放松，该恐惧的恐惧，不该恐惧的不能恐惧，就像战士要冲向战场，这时候就要无所畏惧，才能所向披靡。

只是这个度也不太好把握，假设为恐惧设个数值，从零到一百，多少才是适度的呢，要三十么，要六十么，这是个很难量化的东西，恐惧和快乐、勇气、幸福等等一样，是一种情绪，是不好量化的，科学发展到今天，对于像恐惧、快乐、伤心、幸福等等情绪的研究没有太多的进展。但是可以肯定的是，我们需要克服恐惧，战胜恐惧，所谓战胜自己，其实基本上或者说很大一部分也是战胜自己的恐惧。

战胜了自己的恐惧意味着你比恐惧更强大，勇敢的你战胜了恐惧的你，整体上你表现出勇气、勇敢、信心，如果恐惧占了上风，你就表现出怯懦、自卑、怀疑自己。当然，人经常表现的矛盾，顾虑重重，犹豫不决，大概是恐惧和你的力量势均力敌，你一会占上风，一会又败下阵来，那样痛苦和纠结，或者说"囧"就成了常态。

每个人的世界里都有一个大我，一个小我，两个不同的自己是相互矛盾的，有时候甚至会斗争得非常激烈，要让大我战胜小我，需要坚持不懈的努力。

“混小子”与“不好说”

上午，我让新来的一个同事给我传个文件，我看到他的QQ名字叫“不好说”，我说这个名字不好，应该改为“好说”，不好说是个否定的词，让人感觉很没底气、不顺、纠结、迷惑，很多问题的回答都可以是不好说，但是给人的感觉肯定也“不好说”。“不好说”这三个字强调了人生的尴尬与不确定的一面。“好说”就不一样，好说代表着一种肯定的语气，代表着一种友好的态度，较刚才那个词顺了很多，舒服了好多。

无独有偶，前一段时间，我发现另一个小伙子的QQ名字是“混小子”，我说你怎么起这么个名字，不好，他说已经用了七八年了，而且也还觉得挺适合自己的，但是不管怎么说“混小子”这个词给人的感觉都是负面的，不够积极，缺乏正能量，有点自我解嘲，戏说自己，后来他把名字改为“梦想”，显然就有了想象力而且显得积极向上。

其实我们大都经常给自己负面的评价，也经常给别人负面的评价，这是多数人的思维习惯，比如觉得自己一般，觉得自己不如别人，觉得自己贫穷，觉得自己运气不好等等。习惯于看自己缺少的，似乎是生活的受害者，受害者心态让自己缺乏幸福感，而且变得自卑。对别人也一样，我们碰到一个陌生人时，首先考虑的是对方会不会对我不好，办事的时候也经常想会不会不顺，上台讲话的时候也经常想别人会不会不接受我，打电话也会担心别人不好说话，这种恐惧担心怀疑根深蒂固，以至于我们经常负面地看待周围的人和环境，缺乏安全感，不愿意相信别人。这样的心态很难放松，也不够自信，失去很多的快乐，甚至失去机会。

如果换一个角度看待世界，用阳光、积极、轻松的态度看待周围的人和事，世界也会变得不一样，所谓“苦海无边，回头是岸”，关键在于回头，回头代表用一种新的思维看待问题，改变思维的方向，改变对人对事的态度，你会发现另一片天地，那是新的世界，那里海阔天空，轻松自由，充满着无尽的智慧和创意。

当然改变自己并不容易，彻底地改变自己更是难上加难，所谓“江山易改，本性难移”，自己的习惯如果不是刻意地去改变，就一辈子也改变不了，有人自卑，有人胆小，有人脾气不好，这些似乎都是性格特点，不容易改变，从小看大，宿命论，都是强调了人改变的“难”。

当然也有很多战胜自己的人，勇敢战胜怯懦，慷慨战胜贪婪，宽容战胜计较，所以历史上才出现很多英雄，仁人志士，他们都是战胜了自己的人，他们的能量历经时代的变迁仍然光辉灿烂。当然很多普通人也有宽厚的性格，也有浩然正气，是普通的平凡的好人，也是社会的主流，这个社会从来都不缺乏正能量，所以才有发展，才有进步。每个人都有真善美的一面，关键是把它们挖掘出来，正面的东西多了，负面东西自然就少了，就像光明驱散了黑夜，就像春风融化了冰雪，让我们行动起来，播撒正能量的种子。

做人如水

既然人体的70%都是水组成的，那做人如水就是有道理的，或者说是符合自然规律的。

很多的东西都有水的特性，就像资金流、物流、车流，车水马龙，人潮人海，自然界的变迁如同水的流动。

《老子》讲“上善若水，水善利万物而不争”。意思是说，最高境界的善行就像水的品性一样，泽被万物而不争名利。古圣先贤已经认识到做人行善的道理和水的属性的相通之处。

水是最能顺其自然的，它可以随容器的变化随时改变自己，但并不失其本色。做人也是讲究外圆而内方的，要善于改变调整自己，又不失原则，不丧失自己的价值观念和本质。所以固执古板的人不讨人喜欢，因为没做到外圆，两面三刀见风使舵的人也不讨人喜欢因为没做到内方。亲和友善的人让人亲近，因为外圆；正直真诚的人让人敬重，因为内方。

所谓顺应，顺天应人，顺势而为，审时度势，其实是做事的道理，也有水的特点。

水能滋润万物，万物因为水变得有生机和灵性，这有点像人与人之间的关心、关怀、理解、尊重，人的这些品性是对人心人性的滋润，有了这些滋润，人间才变得美好和谐，人际关系，社会关系，国际关系莫不如此。进一步说，人是因为帮助别人，影响别人才体现出价值和影响力。

既然如此，关心、理解、赞美、尊重是符合水的特性的，就很受欢迎；批评、指责、对抗是不符合水的特性的，所以难让人接受。

兵形象水，是说水无常势，兵无常形，用兵打仗，市场竞争也有水的特性。以至于大家称辞职经商为“下海”，真的是很形象，很有趣。

也大概是因为水的原因，喜欢海的人很多，所以海边适合度假，山上只适合游览，即使游山也不忘玩水，山因为有水才变得更可爱，更灵性，更有仙气。

当然水太多也很可怕，中医认为体内的水太多就是湿气太重，是健康的大敌，是各种慢性病和疑难杂症的源头，脂肪肝、高血压、高血脂、心脑血管疾病、多数肿瘤都和湿邪、痰湿有关。

水是生命之源，如果水被污染，生命会受到威胁，走向灭亡将是自然的结局。所谓敬畏自然，很大程度上是敬畏水，避免水土流失和荒漠化，拯救水源、拯救自然就是拯救我们自身以泽后世。学会敬畏水，也就学会了做人。

附录：二、学员反馈

勇敢，智慧，信念是一个人最大的财富,许多人有愿望，有想法，但是缺乏行动力，而下定决心行动的一小步，将会是人生的一大步。

十几年以来，我们一直在帮助学员大幅提升自信，应对工作中的各种场合，比如汇报工作，主持会议，酒宴祝词，竞聘述职，谈判沟通等，以期让他们在职场更高效，更善于沟通，具备领导力和影响力；我们还帮助学员获得融洽的人际交流能力，帮大家懂得和人相处的技巧，使自己变成更受欢迎的人。

经过训练，你会变得更热情、大方，更善于表达沟通。你迈进我们训练课程的一小步，将会成为你人生的一大步。你也许会对自己的收获惊奇不已，你进步的情形也许比你想象的还要多得多。我目睹了许多学员在这个训练中所取得的神奇效果。

态度决定一切。你的态度决定了你给人什么样的印象，是积极的还是消极的，是坚定的还是犹豫的，是快乐的还是郁闷的，是开朗的还是沉默的。你的态度就是你感觉到的你自己。

性格决定命运。为什么不是学历决定命运或者能力决定命运，可见性格在我们的一生中占着很重要的地位。而性格是习惯的综合，我们可以改变我们的习惯，形成好的习惯自然克服了坏的习惯，就像形成了早睡早起的习惯，就自然克服了晚睡晚起的习惯；形成了大声讲话的习惯，就自然克服了声音小的习惯；形成了给人打招呼的习惯，就自然克服了冷漠；形成了面对大众演讲的习惯，就自然克服了紧张；形成了积极思维的习惯，就自然克服了消极被动。你在照吾训练学习的过程就是形成新习惯的过程。

你能从照吾训练中得到的一项最有价值的能力——自信。自信是性格的基础，自信的人更有主见，愿意尝试新东西，做事情也比较果断有效率。在过往的家庭和学校成长的过程中，我们往往受到很多的批评，批评打击了我们的自信，我们开始怀疑自己、焦虑、担心、犹豫。在课堂上，我们要重新增加正能量，提升信心，形成坚定信念。

你可以战胜你自己，改变过去的你，走向新的人生。找回原本就很优秀的自己。

以下是部分成年人班的毕业感言，相信能帮你更清晰地认识自己。（由于部分成人班学员职务工作等信息我们来不及一一核实，在此隐去了他们的名字）

孟先生：教师

今天毕业感慨万分，这次是我带我弟弟来参加，他也有了很大的进步，对我来说，折磨我多年的恐惧消失了，到这里来上课是我过去一年做出的最重要最有意义的决定。想想当初没有自信，不敢说话，四处碰壁，事事不如意的经历，如今还感到有些委屈，但是我现在觉得一切都烟消云散成为过去了，我将迎来新的自信的自己。

郭先生：国企管理

在单位经常开会。上周参加完两天的训练后，回到胶州开会时运用在课程上学习的技巧方法感觉特别自信，主持的特别成功。相信以后会帮助更大，能够很好的应用到我的管理中去。特别是讲故事的办法可以很好地激励大家，感染大家！

冯先生：职业经理人

最近刚刚从北京出差回来，因为有了充分的自信，去北京参加会议变得更潇洒了，面对上百人的代理商会议洋洋洒洒讲了一个小时仍觉意犹未尽，要在以前，讲话可是个苦差事，想想就觉得很紧张，很头疼，我觉得课程带给我最多的就是自信，因为自信，开会讲话勇敢了不说，办事也更果断了，而且请示领导，去北京还携妻带子顺便旅游一圈，工作生活两不误，工作干得漂亮，还能兼顾家庭，这是现代社会对男人的要求。我参加过很多培训，照吾培训是最特别的，训练和练习确实很重要，以前主要是听，过后就忘了。

王先生：生意人

每周三都要穿过我们门前正在整修的拥挤泥泞的文化西路，不过还是乐此不疲，两个月下来，从当初上台演讲语无伦次，到现在变得轻松自如，这个过程很神奇，很有价值，是一段值得永远铭记的时光，同学充满正能量，老师也非常敬业。

张先生：医生

在照吾培训学到一身的“武艺”，整个过程充实，快乐，自己变得更自信，更大方，更轻松。因为工作的关系经常要参加一些学术会议，面对一些大腕的医生，需要介绍药品功能，照吾培训的原则技巧可以帮助我讲得更条理，更生动，当众讲话是非常重要的素质。

高先生：集团老板

每周三开车从淄博到济南来学习，但是觉得非常值得。在单位讲话没有什么问题，很流畅，因为都是自己的员工，拍桌子也没问题，但是我现在明白了，不拍桌子更容易把问题处理好，通过照吾培训有步骤有条理的训练，明白了哪些该讲，哪些不该讲。

史先生：协会负责人

学了照吾培训后就更懂得“听话”了，能听出别人讲的为什么精彩，或者别人讲话存在的问题，照吾培训系统的理论运用到工作中有很大的帮助，讲话潇洒了不说，写稿子的水平也大大提升，在单位写新闻稿用“五何”很管用，开会发言稿也是手到擒来。更有意思的是，我发现在美国读博士的女儿沟通能力非常强，是因为她很善于讲事实，女儿虽然没上过照吾培训，但是也在运用正确的原则，这让我很欣慰。

刘先生：招办主任

想起了我们小学时学的一篇课文《最后一课》，所不同的是《最后一课》悲凉、惋惜，我们则很快乐，没有悲伤，只有深深地感谢，收获的喜悦，满载而归。我从不做冒险的事，我也投资，十几年前曾经炒作邮票一年赚了十万，也曾花六十万元买房子然后一百三十万元卖出，而且自己也炒股票，不管这几年熊市如何，从没赔过，我认为自己很保守也没必要冒险，我觉得这个课程对大家也是稳赚不赔的投资。

范先生：永远也忘不了今年的九月九日周末照吾培训俱乐部，那天的主题是饮食与健康，是往期的一位班长主持的，前面的同学讲得都非常精彩，轮到我上台了，我哆哆嗦嗦地讲了第一条，第二条怎么也想不起来了，我傻傻地站在那里，不知所云，仓促结尾下台。但是结束后我在思索，我天生就比他们差吗，我应该比他们更优秀才对，9月11日星期一，照吾培训新一期班开课，尽管我内心很矛盾但我还是来了，我战胜了自己。

高女士：我每天与上司沟通，与各部门沟通，工作非常忙碌，晚上下班后还得照顾老公和孩子，这就是为什么有好几次我都迟到的原因。我这个人向来胆子很小，中学上英语课时，老师让轮流回答问题，快到我时我总是紧张得心扑通跳。但是我业务做得好，有时候连续好几个月都是第一名，因此我在我们公司从职员升到部门主任，再到公司副总经理，现在是公司总经理，在半年时间内“三级跳”，我的手下有些是四十多岁的老员工，从公司成立就在，他们对我不服气，我们老板也曾经说过我，说你业务做得很好，但主持会议还不太行，需要多锻炼，我也意识到这是自己的短板，一定要把它补上。在公司里，不管多忙多累，我都表现得很有精神，穿着高跟鞋在走廊上时总是“咚咚咚”很有气势，上了几次当众讲话课后，再主持会议真的是好多了，我自己感觉我讲得都好了，而且原来对我不服气的副经理也经常到我跟前请示：“高经理，你看这件事这样办如何？”另外，我还用我们学的方法给儿子讲故事，从前都是我读给儿子听，儿子有时不喜欢，但现在我是站着给儿子讲故事，儿子也站着，加上我的手势和表演，儿子听得很入迷，有时我老公在另一个房间听见我讲得精彩时，就使劲为我鼓掌，老公觉得我的变化也很大。

杨先生：公务员

我是执法局的一名公务员，在短短的十天里发现自己有了个好习惯，就是在路上动脑思考，我在上班路上，想着上一节布置的作业，考虑如何发言。我感觉我们的课程用两个词四个字来表达就是“简单、有效”，真理总是简单的，我们的上课方式易操作，又包含着真理，非常有效。其次，我在这里还认识了很多朋友，大家来自不同职业但是都很真诚，我希望照吾培训学校不要忘了我们，多组织活动，这次培训相当于搭起了一个骨架，在骨架的基础上如何完善，还希望给我们一些指导，比如对不同的老板如何讲话，对不同的性格的人如何讲话等。

杨先生：工程师

我是IT行业工程师，IT行业工作很紧张，除了脑力劳动，还经常有一些电子设备搬搬卸卸的体力活，下班以后通常累得都瘫在那里，但奇怪的是，每天下班到这里来上课时，却总是很有精神，也很快乐，每天下班时想着去照吾培训就很兴奋。照吾培训让我在自我提高，说话和做事，在陌生的场合与人沟通都给我很多帮助，而且认识了这么多朋友，缘分啊！

宋女士：省立医院的护士

有一次我们科转过来一名重病号，肠子都切了，全身插管，但是人很有精神，很帅气，快乐而且人品好，家庭也很富有。他其实一开始不知道自己从此以后不能再喝水，也不能再吃东西了，他有时坐在床边给我们聊天，但是当他从一名实习护士那里了解到他永远也不能吃饭喝水的时候，他就开始抑郁，整个人全变了，一段时间后他就变得精神失常了，他现在不光是生理上的重症病人，也成了精神病人，所以应该时时刻刻保持快乐的心情，这几天来上课，我心情非常好，我工作的场合经常出现悲欢离合的事情，但是人一定得豁达。

李女士：高校老师

佛经里面讲，前生500次的回眸换来今生的擦肩而过，我们在一起10天，是前生修来的福分，我把我们课堂上学的好消息分享运用在我的教学中，效果非常好，每节课开始时我让我的学生进行好消息分享，而且我上课也采用互动方式，我的班级听课人数越来越多，上座率直线上升。

王先生：生意人

我来时给自己订了三个目标：一是了解什么是真正的照吾训练；二是让自己在做生意时更简单更优秀；三是让自己更快乐的面对生活。这三个目标我都达到了，照吾训练课堂如果说让人脱胎换骨还不够的话，简直就是大变活人，这样的效果是个奇迹。

顾先生：职员

照吾训练这一行非常值得，收获沉甸甸的。我学会了控制自己的紧张情绪，也学到了很多方法技巧，通过学习套用各种公式告诉我们如何先把事情做对，再去做好。通过学习以及与同学的接触中懂得人际关系是互相表达自己想法的过程，收获了很多友谊。能够更有效地表达自己的观点，变得更加积极向上。

岳女士：工程师

这四天两个周末的学习是打造全新自我的四天，我站在这里，我们一起课上互动的场景历历在目，这将是我最珍贵而愉快的回忆。一向爱脸红的我站在众人面前不再脸红了，我不会再说“我不敢”“我不行”！更加自信，更加快乐！一直困扰我的问题解决了。能够更从容的和他人交流，多了对美好未来的期许，今天的我比昨天自信，我相信明天的我会更加自信！

丛女士：银行职员

四天时间太短暂了，大家在各自忙碌的生活中都可以在这里很好的放松一下。给我带来了很多快乐，认识了很多朋友。同学夏×通过训练竞聘成功给了我不少启发。在这里还碰到和我同样喜欢轻音乐的岳××，同样喜欢宠物的张××……课程好消息分享环节给了大家很多欢乐，在我看来这四天的学习就是一个好消息！暑假的时候就想过来参加，但从网上看到要不断地上台发言，内心十分畏惧。但现在我战胜了自己，提升了讲话的条理性，从不敢上台自主说话，到现在可以主动说话，从容大方地面对大家了。如果没有来参加照吾训练，那真是个大损失！

杨先生：公务员

通过照吾训练学习自己在当众讲话方面有了很大的提高。克服了当众讲话的恐惧感，腿不再打哆嗦了，增强了自信。掌握了当众即兴讲话的构思和技巧方法实现了自己的目标，从不敢“当众讲话”到享受“当众讲话”。

王先生：律师

不久前看到奥巴马出色的就职演讲，自己就想成为一个演讲高手。通过照吾培训学习克服了紧张，从不敢讲到敢讲到现在讲得越来越好了。第二个收获是眼神的交流：从最初上台不敢看大家，只看窗户，到现在眼神可以顾及到现场的每个角落了。第三增加了讲话的肢体语言，原先讲话手脚都不知该怎么放。还有学员之间的相互学习，可以互相取长补短，对自己也是一个提高。

张女士：企业高管

课程现在只上了两天，两天的学习克服了惰性，是一大进步。看到来自各个行业学员的这种奋发向上的学习精神，对自己也是一种鼓励。原先在众人面前不愿表现自己，现在知道展示自己是很有必要的，自己或许更优秀！心态有了很好的调整，好消息分享环节告诉我们太阳每天都是新的，我们每天都要面对新的生活！

以下是几年前某一期青少年班的毕业感言：

高启桐：大家好！这五天可以说是非常愉快的学习，我也学到很多东西，首先是各种场合讲话的公式，使我们的演讲更加轻松、流畅。而且这五天的训练提升了我们的自信心，让我感觉面对众人讲话也不是多难的事情，希望大家在以后成长的路上也能像这五天一样，积极踊跃的发言。

王宇辰：我认为这几天的学习我是在欢声笑语中度过

的，在课堂上总是不乏快乐的笑声，这一点让我感觉在放松中学到很多的知识，我们照吾训练的课堂主要是学习语言和交际的，所以说我学到了很多交际上的技巧，我认为自己和来之前最大的变化就是我觉得我自己在交际上显得更成熟了，有更多的方法了，也许原来我也是个非常爱表现的人，但表现的时候总觉得没有章法可循，也就是说没有一种统一的思想方法，但是来到这里，老师教授我们许许多多的公式和技巧，让我觉得受益匪浅。印象比较深刻的就是老师教给我们描述一个事件运用“五何公式”，即何时、何地、何人、何事、何故，也就是说把一个事件的五个要素我们可以用一个公式非常完美地表现出来，这对我来说非常有用，这样我在给其他人讲故事或者描述一个事情的时候就会更充分。通过这次培训希望在我今后的学习生活中能更好地与人交往，我希望我们有更好的领导能力，也祝愿大家通过在照吾训练班的学习运用各种沟通技巧，交结更多的朋友，与人相处更融洽！变得勇敢，变得大方，变得主动，变得积极！

郭昊辰：我到照吾训练班是抱着试试看的态度来的，我希望通过这方面的系统学习再加上大量的训练能够变成一个交际达人，能够在各种场合讲话都非常流利。我通过网上找资料再加上家长介绍来到这里，开始的时候我觉得五天的学习根本不能改变什么，但通过一个上午的学习后我觉得这个班真的很有帮助，因为一个上午就将我的自信心提高了一个等级，所以坚持上完了这五天的课程。通过这次课程的学习，收获颇多，比如老师讲的一些重要的公式，“五何公式”“五觉公式”“祝酒词”“开场公式”，还有“4+X介绍法”，如何即兴演讲等。这些可以帮我们轻松应对各种场合，提升我们的沟通表达能力。通过这些学习，相信将来我在大学里面的管理工作，和同学之间的交流都会上升到一个新的高度，在这里先谢谢照吾培训，祝越办越好!

胡天实：我今天想在这里表示对照吾培训这个班的感谢。这次来我不光是想提高我的口才能力、领导能力，我还要更加提高我的一个心理承受能力，因为这次期末考试我考得并不是特别好，甚至说有点失常，但是通过这一次的课程让我改变了一个暑假以来一直非常悲观的状态，自从上了这个课之后，特别是和这么多的同学老师交谈后，就觉得心里特别舒畅。可以说从上个学期开始到现在我已经很长时间没有滔滔不绝地这么讲话了。改变这个心态之后会让我下学期变得更加主动更加积极，我相信同时也可以提高我的学习成绩，变回原来的那个自信开朗的自己！在这里我要谢谢我的老师和我的同学，原来说话确实能说，但是有点无厘头，上边不接下边。通过这次学习之后我知道讲话需要有章法，有条理，真的是改变我许多。

蔡树生：通过照吾培训学习，觉得自己语言上提升了一个台阶，也交到许多的好朋友，而且觉得自己能在新的学期里搞好人际关系，通过学到的沟通技巧能和老师同学和谐相处，通过学习五何，五觉，即兴演讲，可以让自己的语言更加具体，让听者有一种身临其境的感觉，还有肢体语言，赋予自己的语言魅力，让表达更加丰富充实，上完这个班以后，祝各位同学能很好地学习，更加自信，结交更多的朋友，让自己的沟通，语言表达能力都能更上一个台阶。（蔡树生的父亲分享：孩子从小听得太多，但是说的能力训练几乎没有。所以我给我儿子说了，你能学习掌握一项技能，比学习成绩考个100分我都高兴，什么数学、语文、英语这些文化辅导班我不支持，但是这个班可以要，因为我觉得学习沟通这些项技能是可以让他受益一生的！）

韩　磊：在来照吾培训以前，每当遇见演讲的时候都非常的紧张，不知道说什么，而且也很难控制住，语无伦次的。但是来照吾培训之后，我感觉我比较自信了，说话的时候也不那么紧张了，在这个平台上认识了很多朋友，为此我感到非常高兴！（韩磊父亲：看到我儿子确实有了很大进步，我觉得有信心开朗活泼比什么都重要）

林俊豪：在报这个班之前我认为自己在交际上没有什么问题了，自从来这里学了之后我才发现，我还有许多地方需要改正的，原来在课堂上站在讲台上腿打哆嗦，现在我更自信了，也没那么紧张了。在这里学习我很快乐，认识了这么多朋友，和他们一起上课交流收获很大，这让我觉得本来非常空虚的暑假变得非常快乐！

刘　谦：我觉得照吾培训课堂是一个很快乐的课堂，在这里我全面地提升了我的自信心、亲和力、领导力，照吾培训课堂不仅教会了我一些公式，还让我悟到了一些做人的道理，比如说老师教给我们的金科玉律，在这里面我学到了做人处世的原则方法，还记得我以前演讲手冰冷，双腿发抖，现在感觉很大方，很自如，能用流利的语言和大家交流。

尹若晨：我来到照吾培训主要就是想提高我的人际交往能力和沟通能力，我没上这个课的时候感觉和老师沟通的能力比较差，来到这里以后觉得自己信心也增加了，沟通能力也提高了，我一点也不后悔来这个地方，在这里我度过了一段很快乐的时光。（尹若晨妈妈分享：尹若晨原来是个很开朗的孩子，但是一上台就不知道说什么了，觉得进步真的很大，孩子站在这里说这么多话，我觉得咱这个培训真的是效果太好了。）

马若晨：照吾培训就是一个锻炼自己的平台，在初中的时候我本来很想竞选学习委员这个职务，但是到最后的时候老师说还有没有要竞选的同学，把手举起来，结果我到最后也没有勇气把手举起来，对此我非常的后悔，我也很想改变自己，通过照吾培训学习使我增加了自信心，以前的时候我和个别的人单独相处，或者是跟大家平时交流的时候还是没问题的，但差不多只要5个以上我就很紧张了，手脚冰冷，声音也不自觉地发颤。但是现在我已经改变很多了，可以很大方地站在这里啦。照吾培训教会我要自信，要大方，要放得开，我印象最深的就是放声练习，大声地喊出来，让我自信提升！

耿浩然：在照吾培训五天的学习，我学到了不少知识，交到了许多朋友，让我更自信更勇敢了，我也学会了许多与人交往的技巧，相信这些技巧能让我们在以后的学习生活中，与人更好交往。（耿浩然爷爷分享：浩然这几句话在平时是讲不出来的，能说出自己的这些感触我感到满意，这个培训班是很有成绩的，前途无量！）

王爱婷：这几天我在照吾培训过得非常愉快，在这里我们学到了很多东西，比如说为人处世的一些原则，酒宴祝词，还有开场白，即兴演讲，这些都锻炼了我的能力，在这里我提高了自信心，锻炼了我与人交际的能力，而且认识了许多同学，我们交流得非常好！

张楚涵：经过这五天的学习，我收获了很多，也结交了一些新的朋友，学到了很多的知识，像是五何、五觉、自我介绍的方法，我希望在座的每个人都能够改变我们以前的毛病，养成现在的积极主动的好习惯，更加出色。（张楚涵母亲分享：孩子在这么多人面前说出这些话，这在以前是难以想象的，感谢你们！）

徐　晶：我在来照吾培训学校以前是一个很不自信，在众人面前都不敢说话的女生，在班上一直都是普通的学生，没有担任过任何班干部的角色，但是在这里学完习之后我更有自信了，可以站在台上大声的说话，我想上高一之后我就竞选一个班干部的角色！

张书焓：感谢妈妈给我这次来照吾培训学习的机会，一开始说要报班培训，觉得自己平时朋友也不少，所以我很不愿意来，来了之后才知道原来这里的学习对我的收获很大，比如我学到了，如何快速地记住他人的名字还有就是在和朋友交往的时候不要经常批评指责他人，要多鼓励他人，这样和别人的友谊才能更加完善。（张书焓母亲分享：说实在的，孩子能够在这么多人面前这么流利地表达内心的想法，我心里是没想到的，看来效果确实不错）

陈安琪：在照吾培训这几天过得比较充实，在这里学习了祝酒词还有开场白，还有叙事的一些顺序，也听到一些很有趣的故事，认识到很多同学，对我们以后的交往有很大帮助，以后我会继续竞选班干部，做个出色的人，祝大家更加自信快乐！

林芯卓：第一天来这里的时候觉得这一天特别漫长，到后来觉得时间太短了，因为在这里可以快乐学习，还有好多好朋友，我感觉在照吾培训自信心提高了很多。相信我们以后都能在众人面前自信大方地讲话。

后记

生活和工作都需要思想和创意，演讲是表达思想和创意的重要方式。我有了做“照吾演讲会”的想法之后，认为这就是一个激发思想和创意的重要方式，也是创新创业和交流合作的理想平台。我很高兴这个想法得到黄久凌校长的支持，并为我写序。从2005年开始，我和黄校长合作十余年，见证了众多朋友因为演讲，自信改变，人生也有了巨大变化，这是有意义有价值的工作。在此感谢我们团队白云老师、黄爱银老师、刘彦红老师、王宝剑老师、钟杰老师的辛勤付出，我也很感谢广东人民出版社王俊辉、黄良起编辑的大力支持。大家的共同努力才有今天这本书的成果，当然我们也会更加努力，做好培训工作和演讲会，并且乐此不疲，为大家提供更好的服务，也诚邀大家参加照吾演讲会并成为演讲嘉宾。

照吾演讲会汇聚前沿观点，传播有价值的创意，彰显思想的力量，激发创新思维，促进各行业交流合作，促进大众创新和创业。

打造一个演讲交流合作创业的平台，一个充满真诚友善智慧的平台，一个学习成长激发灵感的平台。

每月组织一次常规演讲活动，每年组织一次大型演讲会。

参会人员为会员，演讲嘉宾为全国经济、政治、文化、科技、媒体行业知名人物和新锐人物。我们也会邀请科学家、哲学家、艺术家、企业家、心理学家、经济学家等加入，他们要么有特殊的经历，要么是某个行业的佼佼者，要么是在某方面做出创举的人。

这里不是任何冗长繁杂的专业讲座，而是鲜活生动的思想交锋，每人演讲时间为15分钟左右，并评选出每年的照吾演讲会大奖。

照吾演讲会是中国首家专业演讲会组织机构，除组织俱乐部和大型演讲活动，还开设演讲、情商、领导力等课程，一方面传播前沿思想，激发创新活力，另一方面帮助学员提升沟通演讲能力，提升影响力，并给大家提供展示和路演的平台。

★《当众讲话》训练课程

提升自信，克服讲话紧张，应对开会发言、竞聘述职、主持会议、即兴演讲、酒宴祝辞等场合，有感染力，知道说什么，知道怎么说，学会言谈得体，提升领导力。

★《人际沟通》训练课程

掌握人际关系的秘密，与人打交道不再困惑，更受人欢迎，懂得尊重关心与谅解他人，提高交际能力，更善于与人合作。

★《演讲艺术》训练课程

演讲更加有领袖风采和魅力，演讲风格更大气从容，更潇洒自如。演讲内容的组织和设计，演讲的艺术话和风格。

★《心理素质》训练课程

了解自我，认识自我，突破自我，缓解压力，克服恐惧，铸就坚定稳固的内心世界。

★《语言表演》训练课程

学习表演话剧、小品、相声，提升表现力，提高生活自娱能力，演好自己人生角色，包括青少年班和成人班。

★《说服力销售》训练课程

掌握销售流程，现场模拟销售技巧，建立彼此信任和谐的客户关系，提升服务和销售能力。

★《形象礼仪》训练课程

提升自我形象，表现大方自信，掌握色彩和服饰搭配技巧，在各类场合表现得体。

★《青少年口才与情商》训练课程

给孩子一套房子不如教他一种好个性。让青少年学会竞选，学会演讲，学会讲故事，善于表现自己，学会控制自己的情绪，能自我管理好时间，更好地与老师同学相处，能自我缓解学习压力，培养开朗活泼、大方懂事的性格。

《照吾当众讲话》训练课程